Illustrations de
Philippe Pierrelée

L'HUMOUR
DE
MARCEL PROUST

UNE ANTHOLOGIE
RÉUNIE PAR
BERTRAND LECLAIR

*Toutes les citations de cette anthologie sont extraites de l'édition Quarto d'*À la recherche du temps perdu*, établie sous la direction de Jean-Yves Tadié.*

« J'aimais vraiment Mme de Guermantes. Le plus grand bonheur que j'eusse pu demander à Dieu eût été de faire fondre sur elle toutes les calamités, et que ruinée, déconsidérée, dépouillée de tous les privilèges qui me séparaient d'elle, n'ayant plus de maison où habiter ni gens qui consentissent à la saluer, elle vînt me demander asile. Je l'imaginais le faisant. »

Le Côté de Guermantes I

Sommaire

Préface

C'est d'abord dans l'ampleur unique de son mouvement, ce grand déplacement du dedans, qu'*À la recherche du temps perdu* est un chef-d'œuvre. Pour qui le lit ou le relit de bout en bout, c'est un arc-en-ciel qui se lève dans un univers d'une terrible noirceur, un arc-en-ciel reliant le ciel et la terre, destiné à s'effacer le livre refermé mais dont la mémoire gardera trace à jamais. La *Recherche* est aussi un puits, cependant. Roland Barthes n'aura pas été le seul à en faire le livre que l'on ouvre à tout prétexte, pour y puiser quelques mots, un trait d'humour ou de génie. C'est cette mine à ciel ouvert que l'on a mise ici à contribution, dans cette collection de citations, d'aphorismes et d'extraits qu'on y a puisés.

À la recherche du temps perdu ne ressemble à aucun autre ouvrage, et, comme Proust le dit et le redit, la difficulté que nous éprouvons face aux œuvres réellement nouvelles tient d'abord à nos habitudes, perturbés que nous sommes de ne pas les y retrouver, confrontés à une vision

du monde qui demande un temps d'acclimatation, qui réclame au lecteur un changement
d'optique, voire une nouvelle paire de jumelles.
Quel meilleur moyen de l'aborder, cependant,
et d'en découvrir tout le sel, que les rires et les
sourires que le narrateur nous arrache à lon-
gueur de chapitre ? Parfois tendres, parfois
cruels, ces sourires tantôt sont d'un registre
résolument comique, tantôt ressemblent à un
rire d'elfe : un rire joyeux et libre soulevant
le couvercle ordinaire du mensonge social ou
amoureux pour toucher jusqu'aux larmes celui
qui s'y abandonne. Le rire de Proust a ceci de
particulier qu'il se construit le plus souvent
dans la durée, comme son art même. Plusieurs
pages peuvent séparer l'indice premier de l'éclat
de rire qui nous saisit et n'est compréhensible
qu'en fonction de cet indice lu tout à l'heure, ou
la veille, sinon la semaine précédente. C'était la
difficulté de cette anthologie, et la raison pour
laquelle, après avoir divisé le matériau récolté
en une vingtaine d'entrées différentes, on a
choisi de respecter la chronologie du roman
au sein de chacune de ces entrées (qu'il s'agisse
des rapports entre maîtres et serviteurs ou
du couple infernal que forment l'amour et la
jalousie).

On espère évidemment que cette anthologie sera pour nombre de lecteurs une porte d'entrée dans l'œuvre elle-même. Pour autant, ceux qui connaissent *À la recherche du temps perdu*, l'auraient-ils lu voici bien longtemps, tireront de ce petit volume, du moins on le souhaite, un tout autre plaisir que le néophyte, tant il est vrai que les indices comiques laissés par Proust au fil des pages ne peuvent que ramener à la mémoire du lecteur des pans entiers de l'œuvre, que l'on croyait avoir oubliés, et qui reviennent, nichés dans une seule expression, comme le passé tout entier peut être caché dans le goût d'une madeleine imbibée de thé…

Bertrand Leclair

Des livres et de la lecture

« Maman s'assit à côté de mon lit ; elle avait pris *François le Champi* […]. L'action s'engagea ; elle me parut d'autant plus obscure que dans ce temps-là, quand je lisais, je rêvassais souvent, pendant des pages entières, à tout autre chose. Et aux lacunes que cette distraction laissait dans le récit, s'ajoutait, quand c'était maman qui me lisait à haute voix, qu'elle passait toutes les scènes d'amour. Aussi tous les changements bizarres qui se produisent dans l'attitude respective de la meunière et de l'enfant et qui ne trouvent leur explication que dans les progrès d'un amour naissant me paraissaient empreints d'un profond mystère dont je me figurais volontiers que la source devait être dans ce nom inconnu et si doux de "Champi". »

Du côté de chez Swann

« "Comment, trois heures ? s'écriait tout à coup ma tante en pâlissant, mais alors les vêpres sont commencées, j'ai oublié ma pepsine ! Je comprends maintenant pourquoi mon eau de Vichy me restait sur l'estomac."

Et se précipitant sur un livre de messe relié en velours violet, monté d'or, et d'où, dans sa hâte, elle laissait s'échapper de ces images, bordées d'un bandeau de dentelle de papier jaunissante, qui marquent les pages des fêtes, ma tante, tout en avalant ses gouttes commençait à lire au plus vite les textes sacrés dont l'intelligence lui était légèrement obscurcie par l'incertitude de savoir si, prise aussi longtemps après l'eau de Vichy, la pepsine serait encore capable de la rattraper et de la faire descendre.»

Du côté de chez Swann

« Aucune Agence Havas n'ayant renseigné les cousines de Swann sur les gens qu'il fréquentait, c'est (avant son horrible mariage bien entendu) avec des sourires de condescendance qu'on se racontait dans les dîners de famille qu'on avait "vertueusement" employé son dimanche à aller voir le "cousin Charles" que le croyant un peu envieux et parent pauvre, on appelait spiri-tuellement, en jouant sur le titre du roman de Balzac : "Le Cousin Bête". »

À l'ombre des jeunes filles en fleurs

« "Alors le docteur ne raffole pas, comme vous, des fleurs ? demandait Mme Swann à Mme Cottard. — Oh ! vous savez que mon mari est un sage ; il est modéré en toutes choses. Si, pourtant, il a une passion." L'œil brillant de malveillance, de joie et de curiosité : "Laquelle, madame ?" demandait Mme Bontemps. Avec simplicité, Mme Cottard répondait : "La lecture. — Oh ! c'est une passion de tout repos chez un mari !" s'écriait Mme Bontemps en étouffant un rire satanique. »

À l'ombre des jeunes filles en fleurs

« Un grand éditeur de Paris venu en visite et qui avait pensé qu'on le retiendrait, s'en alla brutalement, avec rapidité, comprenant qu'il n'était pas assez élégant pour le petit clan. C'était un homme grand et fort, très brun, studieux, avec quelque chose de tranchant. Il avait l'air d'un couteau à papier en ébène. »

Sodome et Gomorrhe II

« Mais ce caractère n'était pas si uniformément laid et était plein de contradictions. Il ressemblait à un vieux livre du Moyen Âge, plein d'erreurs, de traditions absurdes, d'obscénités, il était extraordinairement composite. »

Sodome et Gomorrhe II

« Aussi la lecture des journaux m'était-elle odieuse, et de plus elle n'est pas inoffensive. En effet en nous, de chaque idée comme d'un carrefour dans une forêt, partent tant de routes différentes, qu'au moment où je m'y attendais le moins je me trouvais devant un nouveau souvenir. […] Quelques instants après le choc, l'intelligence qui, comme le bruit du tonnerre, ne voyage pas aussi vite, m'en apportait la raison. Chaumont m'avait fait penser aux Buttes-Chaumont où Mme Bontemps m'avait dit qu'Andrée allait souvent avec Albertine, tandis qu'Albertine m'avait dit n'avoir jamais vu les Buttes-Chaumont. À partir d'un certain âge nos souvenirs sont tellement entrecroisés les uns sur les autres que la chose à laquelle on pense, le livre qu'on lit n'a presque plus d'importance. On a mis de soi-même partout, tout est fécond, tout est dangereux, et *on peut faire d'aussi précieuses découvertes que dans les Pensées de Pascal dans une réclame pour un savon.* »

Albertine disparue

ON A MIS DE SOI-MÊME PARTOUT,
TOUT EST FÉCOND, TOUT EST DANGEREUX,
ET ON PEUT FAIRE D'AUSSI PRÉCIEUSES
DÉCOUVERTES QUE DANS LES *PENSÉES* DE PASCAL
DANS UNE RÉCLAME POUR UN SAVON.

« Le maître d'hôtel n'eût pas pu imaginer que les communiqués n'étaient pas excellents et qu'on ne se rapprochait pas de Berlin, puisqu'il lisait : "Nous avons repoussé, avec de fortes pertes pour l'ennemi, etc.", actions qu'il célébrait comme de nouvelles victoires. J'étais cependant effrayé de la rapidité avec laquelle le théâtre de ces victoires se rapprochaient de Paris, et je fus même étonné que le maître d'hôtel, ayant vu dans un communiqué qu'une action avait eu lieu près de Lens, n'eût pas été inquiet en voyant dans le journal du lendemain que ses suites avaient tourné à notre avantage à Jouy-le-Vicomte dont nous tenions solidement les abords. [...] Mais on lit les journaux comme on aime, un bandeau sur les yeux. On ne cherche pas à comprendre les faits. On écoute les douces paroles du rédacteur en chef comme on écoute les paroles de sa maîtresse. On est battu et content parce qu'on ne se croit pas battu mais vainqueur. »

Le Temps retrouvé

Malades imaginaires
et médecins opiniâtres

« Dans la chambre voisine, j'entendais ma tante qui causait toute seule à mi-voix. [...] Malheureusement, ayant pris l'habitude de penser tout haut, elle ne faisait pas toujours attention à ce qu'il n'y eût personne dans la chambre voisine, et je l'entendais souvent se dire à elle-même : "Il faut que je me rappelle bien que je n'ai pas dormi" (car ne jamais dormir était sa grande prétention dont notre langage à tous gardait le respect et la trace : le matin Françoise ne venait pas "l'éveiller", mais "entrait" chez elle ; quand ma tante voulait faire un somme dans la journée, on disait qu'elle voulait "réfléchir" ou "reposer" ; et quand il lui arrivait de s'oublier en causant jusqu'à dire : "ce qui m'a réveillée" ou "j'ai rêvé que", elle rougissait et se reprenait au plus vite.) »

Du côté de chez Swann

« Laissez-moi donc tranquille avec vos maîtres, vous en savez dix fois autant que lui, répondit Mme Verdurin au docteur Cottard, du ton d'une personne qui a le courage des opinions et tient bravement tête à ceux qui ne sont pas du même avis qu'elle. Vous ne tuez pas vos malades, vous au moins !

— Mais, Madame, il est de l'Académie, répliqua le docteur d'un ton ironique. Si un malade préfère mourir de la main d'un des princes de la science… C'est beaucoup plus chic de pouvoir dire : "C'est Potain qui me soigne." »

Du côté de chez Swann

« Dans le doute et pour faire, à tout hasard, compensation, il répondit grossièrement : "Je n'ai pas l'habitude de répéter deux fois mes ordonnances. Donnez-moi une plume. Et surtout au lait. Plus tard, quand nous aurons jugulé les crises et l'agrypnie, je veux bien que vous preniez quelques potages, puis des purées, mais toujours au lait, au lait. Cela vous plaira, puisque l'Espagne est à la mode, ollé ! ollé !" »

À l'ombre des jeunes filles en fleurs

« Dans un de ces moments où, selon l'expression populaire, on ne sait plus à quel saint se vouer, comme ma grand-mère toussait et éternuait beaucoup, on suivit le conseil d'un parent qui affirmait qu'avec le spécialiste X on était hors d'affaire en trois jours. Les gens du monde disent cela de leur médecin, et on les croit comme Françoise croyait les réclames des journaux. *Le spécialiste vint avec sa trousse chargée de tous les rhumes de ses clients, comme l'outre d'Éole.* Ma grand-mère refusa net de se laisser examiner. Et nous, gênés pour le praticien qui s'était dérangé inutilement, nous déférâmes au désir qu'il exprima de visiter nos nez respectifs, lesquels pourtant n'avaient rien. Il prétendait que si, et que migraine ou colique, maladie de cœur ou diabète, c'est une maladie du nez mal comprise […]. Bref tous nos nez étaient malades ; il ne se trompa qu'en mettant la chose au présent. Car dès le lendemain son examen et son pansement provisoire avaient accompli leur effet. Chacun de nous eut son catarrhe. »

Le Côté de Guermantes II

« Ils n'avaient plus rien, ni surtout le bien le plus précieux, leur enfant, mais ils aimaient à répéter qu'ils avaient fait pour elle autant et plus que les gens les plus riches. Les rayons ultra-violets, à l'action desquels on avait, plusieurs fois par jour, pendant des mois, soumis la malheu-reuse, les flattaient particulièrement. Le père, enorgueilli dans sa douleur par une espèce de gloire, en arrivait quelquefois à parler de sa fille comme d'une étoile de l'Opéra pour laquelle il se fût ruiné. Françoise n'était pas insensible à tant de mise en scène; celle qui entourait la maladie de ma grand-mère lui semblait un peu pauvre, bonne pour une maladie sur un petit théâtre de province. »

Le Côté de Guermantes II

« Que le malade livré à lui-même s'impose alors un régime implacable, et ensuite guérisse ou tout au moins survive, le médecin, salué par lui avenue de l'Opéra quand il le croyait depuis longtemps au Père-Lachaise, verra dans ce coup de chapeau un geste de narquoise inso-lence. Une innocente promenade effectuée à son nez et à sa barbe ne causerait pas plus de colère au président d'assises qui, deux ans aupa-ravant, a prononcé contre le badaud, qui semble sans crainte, une condamnation à mort. »

Sodome et Gomorrhe II

LE MÉDECIN, SALUÉ PAR LUI AVENUE DE L'OPÉRA
QUAND IL LE CROYAIT DEPUIS LONGTEMPS
AU PÈRE—LACHAISE, VERRA DANS CE COUP DE CHAPEAU
UN GESTE DE NARQUOISE INSOLENCE.

« Plus près de la mort, il allait un peu moins mal qu'au temps où il venait prendre des nouvelles de ma grand-mère. C'est que de grandes douleurs physiques lui avaient imposé un régime. La maladie est le plus écouté des médecins : à la bonté, au savoir on ne fait que promettre ; on obéit à la souffrance. »

Sodome et Gomorrhe II

« Il fallait qu'il fût appelé par une visite bien importante pour qu'il "lâchât" les Verdurin le mercredi, l'importance ayant trait d'ailleurs plutôt à la qualité du malade qu'à la gravité de la maladie. Car Cottard, quoique bon homme, renonçait aux douceurs du mercredi non pour un ouvrier frappé d'une attaque, mais pour le coryza d'un ministre. »

Sodome et Gomorrhe II

« Cottard, docile, avait dit à la Patronne : "Bouleversez-vous comme ça et vous *me* ferez demain 39 de fièvre", comme il aurait dit à la cuisinière : "Vous me ferez demain du ris de veau." La médecine, faute de guérir, s'occupe à changer le sens des verbes et des pronoms. »

Sodome et Gomorrhe II

NOUS SAVONS QUE LES BAINS FROIDS NOUS FONT MAL,
NOUS LES AIMONS, NOUS TROUVERONS TOUJOURS
UN MÉDECIN POUR NOUS LES CONSEILLER,
NON POUR EMPÊCHER QU'ILS NE NOUS FASSENT MAL.

« Nous savons que les bains froids nous font mal, nous les aimons, nous trouverons toujours un médecin pour nous les conseiller, non pour empêcher qu'ils ne nous fassent mal. À chacun de ses médecins Bergotte prit ce que, par sagesse, il s'était défendu depuis des années. »

La Prisonnière

« La souffrance n'a même pas besoin des leçons de la mémoire : ainsi un homme qui a oublié les belles nuits passées au clair de lune dans les bois, souffre encore des rhumatismes qu'il y a pris. »

Albertine disparue

« Hélas, en me rappelant mes propres agitations chaque fois que j'avais remarqué une jeune fille qui me plaisait […] je n'avais pour me torturer qu'à imaginer ce même voluptueux émoi chez Albertine, comme grâce à l'appareil dont, après la visite de certain praticien lequel s'était montré sceptique devant la réalité de son mal, ma tante Léonie avait souhaité l'invention, et qui permettrait de faire éprouver au médecin, pour qu'il se rendît mieux compte, toutes les souffrances de son malade. »

Albertine disparue

Fausses vertus et vraies douleurs

« Et mon grand-père navré, sentant l'impossibilité, devant cette obstruction, de chercher à faire raconter à Swann les histoires qui l'eussent amusé disait à voix basse à maman : "Rappelle-moi donc le vers que tu m'as appris et qui me soulage tant dans ces moments-là. Ah ! oui ! : 'Seigneur, que de vertus vous nous faites haïr !' Ah ! comme c'est bien !" »

Du côté de chez Swann

« Comprenant mon erreur, décidé à ne plus tenir compte de ses paroles, la laissant, sans la croire, me dire : "Je vous aimais vraiment, vous verrez cela un jour" (ce jour, où les coupables assurent que leur innocence sera reconnue et qui, pour des raisons mystérieuses, n'est jamais celui où on les interroge), j'eus le courage de prendre subitement la résolution de ne plus la voir, et sans le lui annoncer encore, parce qu'elle ne m'aurait pas cru. »

À l'ombre des jeunes filles en fleurs

«Gilberte appartenait, ou du moins appartint pendant ces années-là, à la variété la plus répandue des autruches humaines, celles qui cachent leur tête dans l'espoir, non de ne pas être vues, ce qu'elles croient peu vraisemblable, mais de ne pas voir qu'on les voit, ce qui leur paraît déjà beaucoup et leur permet de s'en remettre à la chance pour le reste.»

Albertine disparue

«Mais je répondis d'une voix triste : "Non, je ne vais pas au théâtre, j'ai perdu une amie que j'aimais beaucoup." J'avais presque les larmes aux yeux en le disant mais pourtant pour la première fois cela me faisait un certain plaisir d'en parler. C'est à partir de ce moment-là que je commençai à écrire à tout le monde que je venais d'avoir un grand chagrin et à cesser de le ressentir.»

Albertine disparue

«Il ne cessait d'énumérer tous les gens de sa famille ou de son monde qui n'étaient plus,

[MONSIEUR DE CHARLUS] NE CESSAIT
D'ÉNUMÉRER TOUS LES GENS DE SA FAMILLE
OU DE SON MONDE QUI N'ÉTAIENT PLUS,
MOINS, SEMBLAIT—IL, AVEC LA TRISTESSE
QU'ILS NE FUSSENT PLUS EN VIE
QU'AVEC LA SATISFACTION DE LEUR SURVIVRE.

moins, semblait-il, avec la tristesse qu'ils ne fussent plus en vie qu'avec la satisfaction de leur survivre. »

Le Temps retrouvé

Snobs et mondains

«Comme M. Legrandin avait passé près de nous en sortant de l'église, marchant à côté d'une châtelaine du voisinage que nous ne connaissions que de vue, mon père avait fait un salut à la fois amical et réservé, sans que nous nous arrêtions; M. Legrandin avait à peine répondu, d'un air étonné, comme s'il ne nous reconnaissait pas, et avec cette perspective du regard particulière aux personnes qui ne veulent pas être aimables et qui, du fond subitement prolongé de leurs yeux, ont l'air de vous apercevoir comme au bout d'une route interminable et à une si grande distance qu'elles se contentent de vous adresser un signe de tête minuscule pour le proportionner à vos dimensions de marionnette.»

Du côté de chez Swann

«Mais mon père curieux, irrité et cruel, reprit :
— Est-ce que vous avez des amis de ce côté-là, que vous connaissez si bien Balbec?

Dans un dernier effort désespéré, le regard souriant de Legrandin atteignit son maximum de tendresse, de vague, de sincérité et de distraction, mais, pensant sans doute qu'il n'avait plus qu'à répondre, il nous dit :

— J'ai des amis partout où il y a des troupes d'arbres blessés, mais non vaincus, qui se sont rapprochés pour implorer ensemble avec une obstination pathétique un ciel inclément qui n'a pas pitié d'eux.

— Ce n'est pas cela que je voulais dire, interrompit *mon père, aussi obstiné que les arbres et aussi impitoyable que le ciel*. [...] Ce fut peine inutile : comme cet escroc érudit qui employait à fabriquer de faux palimpsestes un labeur et une science dont la centième partie eût suffi à lui assurer une situation plus lucrative, mais honorable, M. Legrandin, si nous avions insisté encore, aurait fini par édifier toute une éthique de paysage et une géographie céleste de la basse Normandie, plutôt que de nous avouer qu'à deux kilomètres de Balbec habitait sa propre sœur, et d'être obligé à nous offrir une lettre d'introduction. »

Du côté de chez Swann

« — Quel est ce monsieur, demanda Forcheville à Mme Verdurin, il a l'air d'être de première force.

— Comment, vous ne connaissez pas le fameux Brichot ? il est célèbre dans toute l'Europe.

— Ah ! C'est Bréchot, s'écria Forcheville qui n'avait pas bien entendu, vous m'en direz tant, ajouta-t-il tout en attachant sur l'homme célèbre des yeux écarquillés. C'est toujours intéressant de dîner avec un homme en vue. Mais, dites-moi, vous nous invitez là avec des convives de choix. On ne s'ennuie pas chez vous. »

Du côté de chez Swann

« Mais comme les nouveaux décorés qui dès qu'ils le sont voudraient voir se fermer aussitôt le robinet des croix, Mme Bontemps eût souhaité qu'après elle, personne de son monde à elle ne fût présenté à la princesse. »

À l'ombre des jeunes filles en fleurs

« Le nom de Noël était du reste inconnu à Mme Swann et à Gilberte qui l'avaient remplacé par celui de Christmas, et ne parlaient que du pudding de Christmas, de ce qu'on leur avait donné pour leur Christmas, de s'absenter — ce qui me rendait fou de douleur — pour Christmas. Même à la maison, je me serais cru déshonoré en parlant de Noël et je ne disais plus que Christmas, ce que mon père trouvait extrêmement ridicule. »

À l'ombre des jeunes filles en fleurs

« Le grand seigneur de la contrée, lequel n'était autre que le beau-frère de Legrandin qui venait quelques fois en visite à Balbec et, le dimanche, par la garden-party hebdomadaire que sa femme et lui donnaient, dépeuplait l'hôtel d'une partie de ses habitants, parce qu'un ou deux d'entre eux étaient invités à ces fêtes et parce que les autres, pour ne pas avoir l'air de ne pas l'être, choisissaient ce jour-là pour faire une excursion éloignée. »

À l'ombre des jeunes filles en fleurs

« Sa mère [...] lui avait, dès son âge le plus tendre, inculqué les préceptes orgueilleusement humbles d'un snobisme évangélique [...] : "Rappelle-toi que si Dieu t'a fait naître sur les marches d'un trône, tu ne dois pas en profiter pour mépriser ceux à qui la divine Providence a voulu (qu'elle en soit louée !) que tu fusses supérieure par la naissance et par les richesses. Au contraire, sois bonne pour les petits. […] Sois secourable aux malheureux. Fournis à tous ceux que la bonté céleste t'a fait la grâce de placer au-dessous de toi ce que tu peux leur donner sans déchoir de ton rang, c'est-à-dire des secours en argent, même des soins d'infirmière, mais bien entendu jamais d'invitations à tes soirées, ce qui ne leur ferait aucun bien, mais, en diminuant ton prestige, ôterait de son efficacité à ton action bienfaisante. »

Le Côté de Guermantes II

« — On dit qu'il est snob ? demanda M. de Bréauté d'un air malveillant, allumé et en attendant dans la réponse la même précision que s'il avait dit : On m'a dit qu'il n'avait que quatre doigts à la main droite, est-ce vrai ?
— M…on Dieu, n…on, répondit Mme de Guermantes avec un sourire de douce indulgence. Peut-être un tout petit peu snob d'apparence, parce qu'il est extrêmement jeune, mais cela m'étonnerait qu'il le fût en réalité, car il est intelligent, ajouta-t-elle, comme s'il y eût eu à son avis incompatibilité absolue entre le snobisme et l'intelligence. »

Le Côté de Guermantes II

« Chaque jour ils attendaient le journal, anxieux de ne pas avoir encore vu leur matinée y figurer, et craignant de n'avoir eu Mme de Cambremer que pour leurs seuls invités et non pour la multitude des lecteurs. Enfin le jour béni arrivait : "La saison est exceptionnellement brillante cette année à Balbec. La mode est aux petits concerts d'après-midi, etc." Dieu merci, le nom de Mme de Cambremer avait été bien orthographié et "cité au hasard", mais en tête. Il ne restait plus qu'à paraître ennuyé de cette indiscrétion des journaux qui pouvait amener des brouilles avec les personnes qu'on n'avait pu inviter, et à demander hypocritement, devant Mme de Cambremer, qui avait pu avoir la perfidie d'envoyer cet écho dont la marquise, bienveillante et grande dame, disait : "Je comprends que cela vous ennuie mais pour moi je n'ai été que très heureuse qu'on me sût chez vous." »

Sodome et Gomorrhe II

« Depuis que les Cambremer avaient loué cette dernière demeure aux Verdurin, sa position dominante avait brusquement cessé de leur apparaître ce qu'elle avait été pour eux pendant tant d'années, c'est-à-dire donnant l'avantage unique dans le pays d'avoir vue à la fois sur la mer et sur la vallée, et en revanche leur avait présenté tout à coup — et après coup — l'inconvénient qu'il fallait toujours monter et descendre pour y arriver et en sortir. Bref, on eût cru que si Mme de Cambremer l'avait louée, c'était moins pour accroître ses revenus que pour reposer ses chevaux. »

Sodome et Gomorrhe II

« Peu après elle avait repris son assurance et avait même été au-devant des questions en disant, pour ne pas avoir l'air de les craindre : "Mme Verdurin, mais comment, je l'ai énormément connue", avec une affectation d'humilité comme une grande dame qui raconte qu'elle a pris le tramway. »

Sodome et Gomorrhe II

« Mais avant qu'ils fussent mariés elle [Mme Verdurin] avait cherché à les brouiller, elle avait dit à Elstir que la femme qu'il aimait était bête, sale, légère, avait volé. Pour une fois elle n'avait pas réussi la rupture. C'est avec le salon Verdurin qu'Elstir avait rompu ; et il s'en félicitait comme les convertis bénissent la maladie ou le revers qui les a jetés dans la retraite et leur a fait connaître la voie du salut.»

Sodome et Gomorrhe II

«— Mais enfin puisqu'il y avait justement M. de Cambremer et qu'il est marquis, comme vous n'êtes que baron…

— Permettez, répondit M. de Charlus avec un air de hauteur, à M. Verdurin étonné, je suis aussi duc de Brabant, damoiseau de Montargis, prince d'Oléron, de Clarency, de Viareggio et des Dunes. D'ailleurs cela ne fait absolument rien. Ne vous tourmentez pas, ajouta-t-il en reprenant son fin sourire, qui s'épanouit sur ces derniers mots : J'ai tout de suite vu que vous n'aviez pas l'habitude.»

Sodome et Gomorrhe II

— PERMETTEZ, RÉPONDIT M. DE CHARLUS AVEC UN AIR DE HAUTEUR, À M. VERDURIN ÉTONNÉ, JE SUIS AUSSI DUC DE BRABANT, DAMOISEAU DE MONTARGIS, PRINCE D'OLÉRON, DE CLARENCY, DE VIAREGGIO ET DES DUNES.

Maîtres et serviteurs

« À peine arrivions-nous dans l'obscure anti-chambre de ma tante que nous apercevions dans l'ombre, sous les tuyaux d'un bonnet éblouissant, raide et fragile comme s'il avait été de sucre filé, les remous concentriques d'un sourire de reconnaissance anticipé. C'était Françoise, immobile et debout dans l'encadre-ment de la petite porte du corridor comme une statue de sainte dans sa niche. »

Du côté de chez Swann

« Et Françoise disait en riant : "Madame sait tout ; Madame est pire que les rayons X (elle disait *x* avec une difficulté affectée et un sourire pour se railler elle-même, ignorante, d'employer ce terme savant), qu'on a fait venir pour Mme Octave et qui voient ce que vous avez dans le cœur. »

Du côté de chez Swann

« Elle avait une tendance à considérer comme de la menue monnaie tout ce que lui donnait ma tante pour elle ou pour ses enfants, et comme des trésors follement gaspillés pour une ingrate les piécettes mises chaque dimanche dans la main d'Eulalie, mais si discrètement que Françoise n'arrivait jamais à les voir. […] Il n'y avait pas dans les environs de Combray de ferme si conséquente que Françoise ne supposât qu'Eulalie eût pu facilement l'acheter, avec tout ce que lui rapportaient ses visites. […] Après avoir regardé par le coin du rideau si Eulalie avait refermé la porte : "Les personnes flatteuses savent se faire bien venir et ramasser les pépettes ; mais patience, le Bon Dieu les punit tout par un beau jour", disait-elle avec le regard latéral et l'insinuation de Joas pensant exclusivement à Athalie quand il dit :
Le bonheur des méchants comme un torrent s'écoule. »

Du côté de chez Swann

« Françoise, n'étant plus aidée, était en retard. Quand je fus en bas, elle était en train, dans l'arrière-cuisine qui donnait sur la basse-cour, de tuer un poulet qui, par sa résistance désespérée et bien naturelle, mais accompagnée par

ELLE ÉTAIT EN TRAIN [...] DE TUER UN POULET QUI,
PAR SA RÉSISTANCE DÉSESPÉRÉE ET BIEN NATURELLE,
MAIS ACCOMPAGNÉE PAR FRANÇOISE HORS D'ELLE,
TANDIS QU'ELLE CHERCHAIT À LUI FENDRE LE COU SOUS L'OREILLE,
DES CRIS DE "SALE BÊTE ! SALE BÊTE !", METTAIT LA SAINTE DOUCEUR
ET L'ONCTION DE NOTRE SERVANTE UN PEU MOINS EN LUMIÈRE...

Françoise hors d'elle, tandis qu'elle cherchait à lui fendre le cou sous l'oreille, des cris de "sale bête! sale bête!", mettait la sainte douceur et l'onction de notre servante un peu moins en lumière qu'il n'eût fait, au dîner du lendemain, par sa peau brodée d'or comme une chasuble et son jus précieux égoutté d'un ciboire. Quand il fut mort, Françoise recueillit le sang qui coulait sans noyer sa rancune, eut encore un sursaut de colère, et regardant le cadavre de son ennemi, dit une dernière fois: "Sale bête!" Je remontai tout tremblant; j'aurais voulu qu'on mît Françoise tout de suite à la porte. Mais qui m'eût fait des boules aussi chaudes, du café aussi parfumé, et même… ces poulets?… »

Du côté de chez Swann

« Françoise, obéissant à la tendance des domestiques qui recueillent sans cesse sur les rapports de leurs maîtres avec les autres personnes des observations fragmentaires dont ils tirent parfois des inductions erronées – comme font les humains sur la vie des animaux –, trouvait à tout moment qu'on nous avait "manqué", conclusion à laquelle l'amenait facilement, d'ailleurs, autant que son amour excessif pour nous, le plaisir qu'elle avait à nous être désagréable. »

À l'ombre des jeunes filles en fleurs

« Les théories de la duchesse de Guermantes, laquelle à vrai dire à force d'être Guermantes devenait dans une certaine mesure quelque chose d'autre et de plus agréable, mettaient tellement au-dessus de tout l'intelligence et étaient en politique si socialistes qu'on se demandait où dans son hôtel se cachait le génie chargé d'assurer le maintien de la vie aristocratique, et qui, toujours invisible, mais évidemment tapi tantôt dans l'antichambre, tantôt dans le salon, tantôt dans le cabinet de toilette, rappelait aux domestiques de cette femme qui ne croyait pas aux titres de lui dire "Madame la duchesse", à cette personne qui n'aimait que la lecture et n'avait point de respect humain, d'aller dîner chez sa belle-sœur quand sonnaient huit heures et de se décolleter pour cela. »

Le Côté de Guermantes II

« Comme elle finissait cette phrase la porte s'ouvrit, et Françoise portant une lampe entra. Albertine n'eut que le temps de se rasseoir sur la chaise. Peut-être Françoise avait-elle choisi cet instant pour nous confondre, étant à écouter à la porte ou même à regarder par le trou de la serrure. Mais je n'avais pas besoin de faire une telle supposition, elle avait pu dédaigner de s'assurer par les yeux de ce que son instinct avait dû suffisamment flairer, car à force de vivre avec moi et mes parents, la crainte, la prudence, l'attention et la ruse avaient fini par lui donner de nous cette sorte de connaissance instinctive et presque divinatoire qu'a de la mer le matelot, du chasseur le gibier, et de la maladie, sinon le médecin, du moins souvent le malade. »

Le Côté de Guermantes II

« Surpris pourtant par l'entrée inattendue de Françoise, je m'écriai :

— Comment, déjà la lampe ? Mon Dieu que cette lumière est vive !

Mon but était sans doute par la seconde de ces phrases de dissimuler mon trouble, par la première d'excuser mon retard. Françoise répondit avec une ambiguïté cruelle :

— Faut-il que j'éteinde ?

— Teigne ?, glissa à mon oreille Albertine, me laissant charmé par la vivacité familière avec laquelle, me prenant à la fois pour maître et pour complice, elle insinua cette affirmation psychologique dans le ton interrogatif d'une question grammaticale. »

Le Côté de Guermantes II

« Et cette vie, qu'eût reconnue si cruelle pour moi et pour Albertine quiconque eût connu mes soupçons et son esclavage, du dehors, pour Françoise, passait pour une vie de plaisirs immérités que savait habilement se faire octroyer cette "enjôleuse" et, comme disait Françoise, qui employait beaucoup plus ce féminin que le masculin, étant plus envieuse des femmes, cette "charlatante". Même, comme Françoise à mon contact avait enrichi son vocabulaire de termes nouveaux, mais en les arrangeant à sa mode, elle disait d'Albertine qu'elle n'avait jamais connu personne d'une telle "perfidité", qui savait me "tirer mes sous" en jouant si bien la comédie. »

La Prisonnière

Échasses sociales

« L'ignorance où nous étions de cette brillante vie mondaine de Swann tenait évidemment en partie à la réserve et à la discrétion de son caractère, mais aussi à ce que les bourgeois d'alors se faisaient de la société une idée un peu hindoue et la considéraient comme composée de castes fermées où chacun, dès sa naissance, se trouvait placé dans le rang qu'occupaient ses parents, et d'où rien, à moins des hasards d'une carrière exceptionnelle ou d'un mariage inespéré, ne pouvait vous tirer pour vous faire pénétrer dans une caste supérieure. »

Du côté de chez Swann

« Ma grand-tante avait même cessé de voir le fils d'un notaire de nos amis parce qu'il avait épousé une altesse et était par là descendu pour elle du rang respecté de fils de notaire à celui d'un de ces aventuriers, anciens valets de chambre ou garçons d'écurie, pour qui on raconte que les reines eurent parfois des bontés.»

Du côté de chez Swann

« Généralement, une fois l'explication donnée, Cottard disait : "Ah! bon, bon, ça va bien" et ne montrait plus trace d'émotion. Mais cette fois-ci, les derniers mots de Swann, au lieu de lui procurer l'apaisement habituel, portèrent au comble son étonnement qu'un homme avec qui il dînait, qui n'avait ni fonctions officielles, ni illustration d'aucune sorte, frayât avec le chef de l'État.
— Comment ça, M. Grévy? vous connaissez M. Grévy?, dit-il à Swann de l'air stupide et incrédule d'un municipal à qui un inconnu demande à voir le Président de la République et qui, comprenant par ces mots "à qui il a affaire", comme disent les journaux, assure au pauvre dément qu'il va être reçu à l'instant et le dirige sur l'Infirmerie spéciale du Dépôt.»

Du côté de chez Swann

« Les sources électriques faisant sourdre à flots la lumière dans la grande salle à manger, celle-ci devenait comme un immense et merveilleux aquarium devant la paroi de verre duquel la population ouvrière de Balbec, les pêcheurs et aussi les familles de petits bourgeois, invisibles dans l'ombre, s'écrasaient au vitrage pour apercevoir, lentement balancée dans des remous d'or, la vie luxueuse de ces gens, aussi extraordinaire pour les pauvres que celle de poissons et de mollusques étranges (une grande question sociale, de savoir si la paroi de verre protégera toujours le festin des bêtes merveilleuses et si les gens obscurs qui regardent avidement dans la nuit ne viendront pas les cueillir dans leur aquarium et les manger). »

À l'ombre des jeunes filles en fleurs

« — Je ne sais plus qui m'a dit qu'un de ceux-là avait marié une cousine au duc. En tout cas c'est de la même "parenthèse". C'est une grande famille que les Guermantes !, ajoutait-elle avec respect, fondant la grandeur de cette famille à la fois sur le nombre de ses membres et l'éclat de son illustration, comme Pascal, la vérité de la religion sur la raison et l'autorité des Écritures. Car n'ayant que ce seul mot de "grand" pour les deux choses, il lui semblait qu'elles n'en formaient qu'une seule, son vocabulaire, comme certaines pierres, présentant ainsi par endroits un défaut qui projetait de l'obscurité jusque dans la pensée de Françoise. »

Le Côté de Guermantes I

« D'ailleurs, plus récent dans la maison que le valet de chambre, il parlait à Françoise des sujets qui pouvaient intéresser non lui-même, mais elle. Et Françoise, qui faisait la grimace quand on la traitait de cuisinière, avait pour le valet de pied, qui disait en parlant d'elle "la gouvernante", la bienveillance spéciale qu'éprouvent certains princes de second ordre envers les jeunes gens bien intentionnés qui leur donnent de l'Altesse. »

Le Côté de Guermantes I

« C'étaient des expressions nouvellement – d'autant plus ardemment – adoptées par Robert et qui signifiaient qu'on avait une nature délicate : "Je ne te dis pas qu'elle soit dreyfusarde, il faut aussi tenir compte de son milieu, mais enfin elle dit : 'S'il était innocent, quelle horreur ce serait qu'il fût à l'île du Diable !' Tu comprends, n'est-ce pas ? Et puis enfin c'est une personne qui fait beaucoup pour ses anciennes institutrices, elle a défendu qu'on les fasse monter par l'escalier de service. Je t'assure, c'est quelqu'un de très bien. Dans le fond Oriane ne l'aime pas parce qu'elle la sent plus intelligente."»

Le Côté de Guermantes I

«Se rappelant de telles paroles de la reine, Mme de Villeparisis les eût pourtant volontiers troquées contre le pouvoir permanent d'être invitée que possédait Mme Leroi, comme, dans un restaurant, un grand artiste inconnu, et de qui le génie n'est écrit ni dans les traits de son visage timide, ni dans la coupe désuète de son veston râpé, voudrait bien être même le coulissier du dernier rang de la société mais qui déjeune à une table voisine avec deux actrices, et vers qui, dans une course obséquieuse et incessante, s'empressent patron, maître d'hôtel, garçons, chasseurs et jusqu'aux marmitons qui sortent de la cuisine en défilés pour le saluer comme dans les féeries, tandis que s'avance le sommelier, aussi poussiéreux que ses bouteilles, bancroche et ébloui comme si, venant de la cave, il s'était tordu le pied avant de remonter au jour. »

Le Côté de Guermantes I

Des intérêts, petits ou grands

«Depuis que les acteurs n'étaient plus exclusivement pour moi les dépositaires, en leur diction et leur jeu, d'une vérité artistique, ils m'intéressaient en eux-mêmes ; je m'amusais, croyant avoir devant moi les personnages d'un vieux roman comique, de voir, au visage nouveau d'un jeune seigneur qui venait d'entrer dans la salle, l'ingénue écouter distraitement la déclaration que lui faisait le jeune premier dans la pièce, tandis que celui-ci, dans le feu roulant de sa tirade amoureuse, n'en dirigeait pas moins une œillade enflammée vers une vieille dame assise dans une loge voisine, et dont les magnifiques perles l'avaient frappé ; et ainsi, surtout grâce aux renseignements que Saint-Loup me donnait sur la vie privée des artistes, je voyais une autre pièce, muette et expressive, se jouer sous la pièce parlée.»

Le Côté de Guermantes I

52

« **Comme un homme ivre plein de tendres dis-positions pour le garçon de café qui l'a servi**, je m'émerveillais de mon bonheur, non ressenti par moi, il est vrai, au moment même, d'avoir dîné avec quelqu'un qui connaissait si bien Guillaume II et avait raconté sur lui des anec-dotes, ma foi, fort spirituelles. Et en me rappe-lant, avec l'accent allemand du prince, l'histoire du général Botha, je riais tout haut, comme si ce rire, pareil à certains applaudissements qui augmentent l'admiration intérieure, était néces-saire à ce récit pour en corroborer le comique. »

Le Côté de Guermantes II

« Il y a des extrémistes qui laissent passer un bracelet sous leur manchette, parfois un collier dans l'évasement de leur col, forcent par leurs regards insistants, leurs gloussements, leurs rires, leurs caresses entre eux, une bande de collégiens à s'enfuir au plus vite, et sont servis, avec une politesse sous laquelle couve l'indigna-tion, par un garçon qui, comme les soirs où il sert des dreyfusards, aurait plaisir à aller cher-cher la police s'il n'avait avantage à empocher les pourboires. »

Sodome et Gomorrhe I

« Alors le solitaire languit seul […], ou bien il reste paresseusement, avant le départ du train, sur le quai, à jeter sur la foule des voyageurs un regard qui semblera indifférent, dédaigneux ou distrait à ceux d'une autre race, mais qui, comme l'éclat lumineux dont se parent certains insectes pour attirer ceux de la même espèce, ou comme le nectar qu'offrent certaines fleurs pour attirer les insectes qui les féconderont, ne tromperait pas l'amateur presque introuvable d'un plaisir trop singulier, trop difficile à placer, qui lui est offert, le confrère avec qui notre spécialiste pourrait parler la langue insolite ; tout au plus à celle-ci quelque loqueteux du quai fera-t-il semblant de s'intéresser, mais pour un bénéfice matériel seulement, comme ceux qui, au Collège de France, dans la salle où le professeur de sanscrit parle sans auditeur, vont suivre le cours, mais seulement pour se chauffer. »

Sodome et Gomorrhe I

« Les généraux qui font tuer le plus de soldats tiennent à ce qu'ils soient bien nourris. »

Sodome et Gomorrhe II

« Chose assez particulière, on n'avait jamais entendu le duc de Guermantes se servir de l'expression assez banale : "bel et bien", mais depuis l'élection du Jockey, dès qu'on parlait de l'affaire Dreyfus, "bel et bien" surgissait : "Affaire Dreyfus, affaire Dreyfus, c'est bientôt dit et le terme est impropre ; ce n'est pas une affaire de religion, mais *bel et bien* une affaire politique." Cinq ans pouvaient passer sans qu'on entendît "bel et bien" si pendant ce temps on ne parlait pas de l'affaire Dreyfus, mais si les cinq ans passés le nom de Dreyfus revenait, aussitôt "bel et bien" arrivait automatiquement. Le duc ne pouvait plus du reste souffrir qu'on parlât de cette affaire "qui a causé, disait-il, tant de malheurs", bien qu'il ne fût en réalité sensible qu'à un seul, son échec à la présidence du Jockey. »

La Prisonnière

Fours et calembours

« Un jour qu'il était venu nous voir à Paris après dîner en s'excusant d'être en habit, Françoise ayant, après son départ, dit tenir du cocher qu'il avait dîné "chez une princesse", — "Oui, chez une princesse du demi-monde !" avait répondu ma tante en haussant les épaules sans lever les yeux de sur son tricot, avec une ironie sereine. »

Du côté de chez Swann

« Le docteur Percepied à qui sa grosse voix et ses gros sourcils permettaient de tenir tant qu'il voulait le rôle de perfide dont il n'avait pas le physique, sans compromettre en rien sa réputation inébranlable et imméritée de bourru bienfaisant, savait faire rire aux larmes le curé et tout le monde en disant d'un ton rude : "Hé bien ! il paraît qu'elle fait de la musique avec son amie, Mlle Vinteuil. Ça a l'air de vous étonner. Moi je sais pas. C'est le père Vinteuil qui m'a encore dit ça hier. Après tout, elle a bien le droit d'aimer la musique, c'te fille. Moi je ne suis pas pour contrarier les vocations artistiques des enfants, Vinteuil non plus à ce qu'il paraît. Et puis lui aussi il fait de la musique avec l'amie de sa fille. Ah! sapristi on en fait une musique dans c'te boîte-là. Mais qu'est-ce que vous avez à rire? mais ils font trop de musique ces gens. L'autre jour j'ai rencontré le père Vinteuil près du cimetière. Il ne tenait pas sur ses jambes." »

Du côté de chez Swann

« — Je vais jouer la phrase de la Sonate pour M. Swann, dit le pianiste.

— Ah! bigre! ce n'est pas au moins le "Serpent à Sonates"? demanda M. de Forcheville pour faire de l'effet.

Mais le docteur Cottard, qui n'avait jamais entendu ce calembour, ne le comprit pas et crut à une erreur de M. de Forcheville. Il s'approcha vivement pour la rectifier :

— Mais non, ce n'est pas serpent à sonates qu'on dit, c'est serpent à sonnettes, dit-il d'un ton zélé, impatient et triomphal.

Forcheville lui expliqua le calembour. Le docteur rougit.

— Avouez qu'il est drôle, Docteur?

— JE VAIS JOUER LA PHRASE DE LA SONATE
POUR M. SWANN, DIT LE PIANISTE.
— AH! BIGRE! CE N'EST PAS AU MOINS LE "SERPENT À SONATES"?
DEMANDA M. DE FORCHEVILLE POUR FAIRE DE L'EFFET.

— Oh ! je le connais depuis si longtemps",
répondit Cottard. »

Du côté de chez Swann

« Chez Mme de La Rochefoucauld même, on ne
se gênait pas pour plaisanter devant elle, qui en
riait la première, ses amples proportions.
— Mais est-ce que vous êtes seul ?, demanda
un jour à M. de La Rochefoucauld ma mère qui
venait faire visite à la duchesse et qui, reçue à
l'entrée par le mari, n'avait pas aperçu sa femme
qui était dans une baie du fond. Est-ce que
Mme de La Rochefoucauld n'est pas là ? je ne
la vois pas.
— Comme vous êtes aimable !, répondit le duc
qui avait un des jugements les plus faux que
j'aie jamais connus, mais ne manquait pas d'un
certain esprit. »

À l'ombre des jeunes filles en fleurs

« — Ce pauvre général, il a encore été battu aux
élections, dit la princesse de Parme pour changer de conversation.
— Oh ! ce n'est pas grave, ce n'est que la sep-
tième fois, dit le duc qui, ayant dû lui-même
renoncer à la politique, aimait assez les insuccès

électoraux des autres. Il s'est consolé en voulant
faire un nouvel enfant à sa femme.

— Comment ! Cette pauvre Mme de Monser-
feuil est encore enceinte, s'écria la princesse.

— Mais parfaitement, répondit la duchesse,
c'est le seul *arrondissement* où le pauvre
général n'a jamais échoué.»

Le Côté de Guermantes II

«La fille de Françoise, au contraire, parlait,
se croyant une femme d'aujourd'hui et sortie
des sentiers trop anciens, l'argot parisien et ne
manquait aucune des plaisanteries adjointes.
Françoise lui ayant dit que je venais de chez
une princesse : "Ah ! sans doute une princesse
à la noix de coco." Voyant que j'attendais une
visite, elle fit semblant de croire que je m'appe-
lais Charles. Je lui répondis naïvement que non,
ce qui lui permit de placer : "Ah ! je croyais ! Et
je me disais Charles attend (charlatan)."»

Sodome et Gomorrhe II

«Le directeur vint me demander si je ne voulais pas descendre. À tout hasard il avait veillé
à mon "placement" dans la salle à manger.
Comme il ne m'avait pas vu, il avait craint

que je ne fusse repris de mes étouffements d'autrefois. Il espérait que ce ne serait qu'un tout petit "maux de gorge" et m'assura avoir entendu dire qu'on les calmait à l'aide de ce qu'il appelait : le "calyptus".»

Sodome et Gomorrhe II

«Jadis la forme de l'"à-peu-près" était le "comble". Mais elle était surannée, personne ne l'employait plus, il n'y avait plus que Cottard pour dire encore parfois au milieu d'une partie de "piquet" : "Savez-vous quel est le comble de la distraction ? c'est de prendre l'édit de Nantes pour une Anglaise."»

Sodome et Gomorrhe II

«— Il restitue la grâce du XVIIIe, mais moderne, dit précipitamment Saniette, tonifié et remis en selle par mon amabilité. Mais j'aime mieux Helleu.

— Il n'y a aucun rapport avec Helleu, dit Mme Verdurin.

— Si, c'est du XVIIIe fébrile. C'est un Watteau à vapeur, et il se mit à rire.

61

— Oh! connu, archiconnu, il y a des années qu'on me le ressert, dit M. Verdurin à qui en effet Ski l'avait raconté autrefois, mais comme fait par lui-même.»

Sodome et Gomorrhe II

«Je parlai à Saint-Loup de mon ami le directeur du Grand Hôtel de Balbec qui, paraît-il, avait prétendu qu'il y avait eu au début de la guerre dans certains régiments français des défections qu'il appelait des "défectuosités", et avait accusé de les avoir provoquées ce qu'il appelait le "militariste prussien"; il avait même cru, à un certain moment, à un débarquement simultané des Japonais, des Allemands et des Cosaques à Rivebelle, menaçant Balbec, et avait dit qu'il n'y avait plus qu'à "décrépir".»

Le Temps retrouvé

Petit théâtre des grands de ce monde

« — Oriane, ne te fâche pas, reprit Mme de Gallardon qui ne pouvait jamais s'empêcher de sacrifier ses plus grandes espérances sociales et d'éblouir un jour le monde, au plaisir obscur, immédiat et privé de dire quelque chose de désagréable, il y a des gens qui prétendent que ce M. Swann, c'est quelqu'un qu'on ne peut pas recevoir chez soi, est-ce vrai ?

— Mais… tu dois bien savoir que c'est vrai, répondit la princesse des Laumes, puisque tu l'as invité cinquante fois et qu'il n'est jamais venu. »

Du côté de chez Swann

« — Je ne sais pas ce que me doit le chapitre, mais je sais que je suis tapée de cent francs tous les ans par le curé, ce dont je me passerais. Enfin ces Cambremer ont un nom bien étonnant. Il finit juste à temps, mais il finit mal ! dit-elle en riant. »

Du côté de chez Swann

«Même dans son désir de ne pas avoir l'air de
siéger dans une sphère supérieure à la nôtre
elle avait sans doute mal calculé la distance,
car, par une erreur de réglage, ses regards s'im-
prégnèrent d'une telle bonté que je vis approcher le moment où elle nous flatterait de la
main comme deux bêtes sympathiques qui
eussent passé la tête vers elle, à travers un
grillage, au jardin d'Acclimatation.»

À l'ombre des jeunes filles en fleurs

« — Ma chère, Mme de Luynes me fait penser à Yolande ; elle est venue hier chez moi, si
j'avais su que vous n'aviez votre soirée prise
par personne, je vous aurais envoyé chercher ;
Mme Ristori, qui est venue à l'improviste, a
dit devant l'auteur des vers de la reine Carmen
Sylva, c'était d'une beauté !
"Quelle perfidie ! pensa Mme de Villeparisis. C'est sûrement de cela qu'elle parlait tout
bas, l'autre jour, à Mme de Beaulaincourt et à
Mme de Chaponay."
— J'étais libre, mais je ne serais pas venue,
répondit-elle. J'ai entendu Mme Ristori dans
son beau temps, ce n'est plus qu'une ruine. Et

puis je déteste les vers de Carmen Sylva. La Ristori est venue ici une fois, amenée par la duchesse d'Aoste, dire un chant de *L'Enfer*, de Dante. Voilà où elle est incomparable.

Alix supporta le coup sans faiblir. Elle restait de marbre. Son regard était perçant et vide, son nez noblement arqué. Mais une joue s'écaillait. Des végétations légères, étranges, vertes et roses, envahissaient le menton. Peut-être un hiver de plus la jetterait bas. »

Le Côté de Guermantes I

« — Mais bien entendu, voyons, c'est un monstre, dit Mme de Guermantes à un regard interrogatif de sa tante. C'est une personne impossible : elle dit "plumitif", enfin des choses comme ça.

— Qu'est-ce que ça veut dire, "plumitif" ? demanda Mme de Villeparisis à sa nièce.

— Mais je n'en sais rien ! s'écria la duchesse avec une indignation feinte. Je ne veux pas le savoir. Je ne parle pas ce français-là.

Et voyant que sa tante ne savait vraiment pas ce que voulait dire plumitif, pour avoir la satisfaction de montrer qu'elle était savante autant que puriste et pour se moquer de sa tante après s'être moquée de Mme Cambremer :

— Mais si, dit-elle avec un demi-rire que les restes de la mauvaise humeur jouée réprimaient, tout le monde sait ça, un plumitif c'est un écrivain, c'est quelqu'un qui tient une plume. Mais c'est une horreur de mot. C'est à vous faire tomber vos dents de sagesse. Jamais on ne me ferait dire ça. Comment, c'est le frère ! je n'ai pas encore réalisé. Mais au fond ce n'est pas incompréhensible. Elle a la même humilité de descente de lit et les mêmes ressources de bibliothèque tournante. Elle est aussi flagorneuse que lui et aussi embêtante. Je commence à me faire assez bien à l'idée de cette parenté. »

Le Côté de Guermantes I

« Ces visites étaient un événement. Le cœur battait un peu plus vite à la princesse d'Épinay qui recevait dans son grand salon du rez-de-chaussée, quand elle apercevait de loin, telles les premières lueurs d'un inoffensif incendie ou les "reconnaissances" d'une invasion non espérée, traversant lentement la cour, d'une démarche oblique, la duchesse coiffée d'un ravissant cha-

TOUT LE MONDE SAIT ÇA,
UN PLUMITIF C'EST UN ÉCRIVAIN,
C'EST QUELQU'UN QUI TIENT UNE PLUME.
MAIS C'EST UNE HORREUR DE MOT.
C'EST À VOUS FAIRE TOMBER
VOS DENTS DE SAGESSE.

peau et inclinant une ombrelle d'où pleuvait une odeur d'été.

— Tiens, Oriane, disait-elle comme un "garde-à-vous" qui cherchait à avertir ses visiteuses avec prudence, et pour qu'on eût le temps de sortir en ordre, qu'on évacuât les salons sans panique. La moitié des personnes présentes n'osait pas rester, se levait. [...]

— Vraiment, vous êtes pressée ? Hé bien, j'irai chez vous, répondait la maîtresse de maison à celles qu'elle aimait autant voir partir. »

Le Côté de Guermantes II

« Les gens du monde en furent stupéfaits et, sans se soucier d'imiter la duchesse, éprouvèrent pourtant de son action l'espèce de soulagement qu'on a dans Kant quand, après la démonstration la plus rigoureuse du déterminisme, on découvre qu'au-dessus du monde de la nécessité il y a celui de la liberté. »

Le Côté de Guermantes II

« — Enfin, pour finir, conclut le duc, Zénaïde insistait pour qu'Oriane vînt déjeuner, et comme ma femme n'aime pas beaucoup sortir de chez elle, elle résistait, s'informait si, sous prétexte de repas intime, on ne l'embarquait pas déloyalement dans un grand tralala et tâchait vainement de savoir quels convives il y aurait à déjeuner.

— Viens, viens, insistait Zénaïde en vantant les bonnes choses qu'il y aurait à déjeuner. Tu mangeras une purée de marrons, je ne te dis que ça, et il y aura sept petites bouchées à la reine.

— Sept petites bouchées, s'écria Oriane. Alors c'est que nous serons au moins huit!

Au bout de quelques instants, la princesse ayant compris laissa éclater son rire comme un roulement de tonnerre.

— Ah! nous serons donc huit, c'est ravissant! Comme c'est bien rédigé!, dit-elle, ayant dans un suprême effort retrouvé l'expression dont s'était servie Mme d'Épinay et qui s'appliquait mieux cette fois. »

Le Côté de Guermantes II

«De vieux amis de M. et de Mme de Guermantes venaient les voir après dîner, "en cure-dents" aurait dit Mme Swann, sans être attendus. »

Le Côté de Guermantes II

«M. de Guermantes, presque à chaque nom qu'on prononçait, s'écriait : "Mais c'est un cousin d'Oriane !" avec la même joie qu'un homme qui, perdu dans une forêt, lit au bout de deux flèches, disposées en sens contraire sur une plaque indicatrice et suivies d'un chiffre fort petit de kilomètres : "Belvédère Casimir-Perier" et "Croix du Grand-Veneur", et comprend par là qu'il est dans le bon chemin.»

Le Côté de Guermantes II

«Le duc rappela le valet de pied pour savoir si celui qu'il avait envoyé chez le cousin d'Osmond était revenu. En effet le plan du duc était le suivant : comme il croyait avec raison son cousin mourant, il tenait à faire prendre des nouvelles avant la mort, c'est-à-dire avant le deuil forcé. Une fois couvert par la certitude officielle qu'Amanien était encore vivant, il ficherait le camp à son dîner, à la soirée du prince, à la redoute où il serait en Louis XI et où il avait le piquant rendez-vous avec une nouvelle maîtresse, et ne ferait plus prendre de nouvelles avant le lendemain quand les plaisirs seraient finis. Alors on prendrait le deuil, s'il avait trépassé dans la soirée.»

Le Côté de Guermantes II

«Le duc n'était nullement gêné de parler des malaises de sa femme et des siens à un mourant, car les premiers, l'intéressant davantage, lui apparaissaient plus importants. Aussi fut-ce seulement par bonne éducation et gaillardise, qu'après nous avoir éconduits gentiment, il cria à la cantonade et d'une voix de stentor, de la porte, à Swann qui était déjà dans la cour :
— Et puis vous, ne vous laissez pas frapper par ces bêtises des médecins, que diable! Ce sont des ânes. Vous vous portez comme le Pont-Neuf. Vous nous enterrerez tous!»

Le Côté de Guermantes II

«Dans l'ordinaire de la vie, les yeux de la duchesse de Guermantes étaient distraits et un peu mélancoliques; elle les faisait briller seulement d'une flamme spirituelle chaque fois qu'elle avait à dire bonjour à quelque ami […]. Mais pour les grandes soirées, comme elle avait trop de bonjours à dire, elle trouvait qu'il eût été fatigant, après chacun d'eux, d'éteindre à chaque fois la lumière. Tel un gourmet de littérature, allant au théâtre voir une nouveauté d'un des maîtres de la scène, témoigne sa certitude de ne pas passer une mauvaise soirée en ayant déjà, tandis qu'il remet ses affaires à l'ouvreuse, sa lèvre ajustée pour un sourire sagace, son regard avivé pour une approbation malicieuse ; ainsi c'était dès son arrivée que la duchesse allumait pour toute la soirée. »

Sodome et Gomorrhe II

« "Mais vous êtes notre égal, sinon mieux", semblaient, par toutes leurs actions, dire les Guermantes ; et ils le disaient de la façon la plus gentille que l'on puisse imaginer, pour être aimés, admirés, mais non pour être crus ; qu'on démêlât le caractère fictif de cette amabilité, c'est ce qu'ils appelaient être bien élevés ; croire l'amabilité réelle, c'était la mauvaise éducation. »

Sodome et Gomorrhe II

« — Oui, après l'amitié que lui a toujours témoignée ma femme, reprit le duc, qui considérait évidemment que condamner Dreyfus pour haute trahison, quelque opinion qu'on eût dans son for intérieur sur sa culpabilité, constituait une espèce de remerciement pour la façon dont on avait été reçu dans le faubourg Saint-Germain, il aurait dû se désolidariser. Car, demandez à Oriane, elle avait vraiment de l'amitié pour lui. »

Sodome et Gomorrhe II

« — Dites donc, Charlus, dit Mme Verdurin, qui commençait à se familiariser, vous n'auriez pas dans votre faubourg quelque vieux noble ruiné qui pourrait me servir de concierge ?
— Mais si… mais si…, répondit M. de Charlus en souriant d'un air bonhomme, mais je ne vous le conseille pas.
— Pourquoi ?
— Je craindrais pour vous que les visiteurs élégants n'allassent pas plus loin que la loge. »

Sodome et Gomorrhe II

« — J'aime bien Éliane, mais je ne comprends pas le sens de ses invitations. Je suis un peu bouché sans doute, ajoutait-il avec un large sourire épanoui, cependant que Mme de Mortemart sentait qu'elle allait avoir la primeur d'une de "Palamède" comme elle en avait souvent d'"Oriane" : — J'ai bien reçu il y a une quinzaine de jours une carte de l'agréable Éliane. Au-dessus du nom contesté de Montmorency, il y avait cette aimable invitation : *Mon cousin, faites-moi la grâce de penser à moi vendredi prochain à 9 h ½.* Au-dessous étaient écrits ces deux mots moins gracieux : *Quatuor Tchèque.* [...] J'aime bien Éliane : aussi je ne lui en voulus pas, je me contentai de ne pas tenir compte des mots étranges et déplacés de *quatuor tchèque,* et comme je suis un homme d'ordre, je mis au-dessus de ma cheminée l'invitation de penser à Mme de Montmorency le vendredi à neuf heures et demie. Bien que connu pour ma nature obéissante, ponctuelle et douce, comme Buffon dit du chameau – et le rire s'épanouit plus largement autour de M. de Charlus qui savait qu'au contraire on le tenait pour l'homme le plus difficile à vivre –, je fus en retard de quelques minutes (le temps d'ôter mes vêtements de jour), et sans en avoir trop de remords, pensant que neuf heures et demie était mis pour dix heures. Et à dix heures tapant, dans une bonne robe de chambre, les pieds en d'épais chaussons, je me mis au coin de mon feu à penser à Éliane comme elle me l'avait demandé, et avec une intensité qui ne commença à décroître qu'à dix heures et demie. Dites-lui bien, je vous prie, que j'ai strictement obéi à son audacieuse requête. Je pense qu'elle sera contente. »

La Prisonnière

« Et voilà comment le faubourg Saint-Germain parle à tout bourgeois des autres bourgeois, soit pour le flatter de l'exception faite – le temps qu'on cause – en faveur de l'interlocuteur ou de l'interlocutrice, et plutôt, et en même temps, pour l'humilier. »

Albertine disparue

Les sortilèges de l'imagination

« Elle se rabattait pour rendre de temps en temps sa vie plus intéressante à y introduire des péripéties imaginaires qu'elle suivait avec passion. Elle se plaisait à supposer tout d'un coup que Françoise la volait, qu'elle recourait à la ruse pour s'en assurer, la prenait sur le fait ; habituée, quand elle faisait seule des parties de cartes, à jouer à la fois son jeu et le jeu de son adversaire, elle se prononçait à elle-même les excuses embarrassées de Françoise et y répondait avec tant de feu et d'indignation que l'un de nous, entrant à ces moments-là, la trouvait en nage, les yeux étincelants, ses faux cheveux déplacés laissant voir son front chauve. »

Du côté de chez Swann

« Ma déception était grande. Elle provenait de ce que je n'avais jamais pris garde quand je pensais à Mme de Guermantes, que je me la représentais avec les couleurs d'une tapisserie ou d'un vitrail, dans un autre siècle, d'une autre matière que le reste des personnes vivantes. Jamais je ne m'étais avisé qu'elle pouvait avoir une figure rouge, une cravate mauve comme Mme Sazerat, et l'ovale de ses joues me fit tellement souvenir de personnes que j'avais vues à la maison que le soupçon m'effleura, pour se dissiper d'ailleurs aussitôt après, que cette dame, en son principe générateur, en toutes ses molécules, n'était peut-être pas substantiellement la duchesse de Guermantes, mais que son corps, ignorant du nom qu'on lui appliquait, appartenait à un certain type féminin, qui comprenait aussi des femmes de médecins et de commerçants. »

Du côté de chez Swann

« Ce nom de Bergotte me fit tressauter comme le bruit d'un revolver qu'on aurait déchargé sur moi, mais instinctivement pour faire bonne contenance je saluai ; devant moi, comme ces prestidigitateurs qu'on aperçoit intacts et en redingote dans la poussière d'un coup de feu d'où s'envole une colombe, mon salut m'était rendu par un homme jeune, rude, petit, râblé et myope, à nez rouge en forme de coquille de colimaçon et à barbiche noire. »

« Tout le Bergotte que j'avais lentement et délicatement élaboré moi-même, goutte à goutte, comme une stalactite, avec la transparente beauté de ses livres, ce Bergotte-là se trouvait d'un seul coup ne plus pouvoir être d'aucun usage, du moment qu'il fallait conserver le nez en colimaçon et utiliser la barbiche noire [...]. Mais pour Bergotte la gêne du nom préalable n'était rien auprès de celle que me causait l'œuvre connue, à laquelle j'étais obligé d'attacher, comme après un ballon, l'homme à barbiche sans savoir si elle garderait la force de s'élever. »

« Au terme, encore éloigné de plus d'une heure, de ce trajet, je cherchais à imaginer le directeur de l'hôtel de Balbec pour qui j'étais, en ce moment, inexistant et j'aurais voulu me présenter à lui dans une compagnie plus prestigieuse que celle de ma grand-mère qui allait

CE NOM DE BERGOTTE ME FIT TRESSAUTER
COMME LE BRUIT D'UN REVOLVER QU'ON
AURAIT DÉCHARGÉ SUR MOI.

certainement lui demander des rabais. Il m'apparaissait empreint d'une morgue certaine, mais très vague de contours.»

À l'ombre des jeunes filles en fleurs

«— Il faudra que je pense une fois à lui demander si je me trompe et si elle n'a pas quelque parenté avec des Guermantes, me dit ma grand-mère qui excita par là mon indignation.
Comment aurais-je pu croire à une communauté d'origine entre deux noms qui étaient entrés en moi, l'un par la porte basse et honteuse de l'expérience, l'autre la porte d'or de l'imagination?»

À l'ombre des jeunes filles en fleurs

«Je me sentais envers celle-ci l'obligation morale de tenir les promesses d'amour faites à l'Albertine imaginaire. On se fiance par procuration, et on se croit obligé d'épouser ensuite la personne interposée.»

À l'ombre des jeunes filles en fleurs

«Cependant, la fée dépérit si nous nous approchons de la personne réelle à laquelle correspond son nom, car, cette personne, le nom alors commence à la refléter et elle ne contient rien de la fée ; la fée peut renaître si nous nous éloignons de la personne ; mais si nous restons auprès d'elle, la fée meurt définitivement et avec elle le nom, comme cette famille de Lusignan qui devait s'éteindre le jour où disparaîtrait la fée Mélusine. »

Le Côté de Guermantes I

« Notre imagination étant comme un orgue de Barbarie détraqué qui joue toujours autre chose que l'air indiqué, chaque fois que j'avais entendu parler de la princesse de Guermantes-Bavière, le souvenir de certaines œuvres du XVIᵉ siècle avait commencé à chanter en moi. Il me fallait l'en dépouiller maintenant que je la voyais en train d'offrir des bonbons glacés à un gros monsieur en frac. Certes j'étais bien loin d'en conclure qu'elle et ses invités fussent des êtres pareils aux autres. Je comprenais bien que ce qu'ils faisaient là n'était qu'un jeu, et que pour préluder aux actes de leur vie véritable […] il convenait en vertu de rites ignorés de moi qu'ils feignissent d'offrir et de refuser des bonbons, geste dépouillé de sa signification et réglé d'avance comme le pas d'une danseuse. »

Le Côté de Guermantes I

« Tout à coup, Saint-Loup apparut, accompagné de sa maîtresse, et alors, dans cette femme qui était pour lui tout l'amour, toutes les douceurs possibles de la vie, dont la personnalité, mystérieusement enfermée dans un corps comme dans un Tabernacle, était l'objet encore sur lequel travaillait sans cesse l'imagination de mon ami, qu'il sentait qu'il ne connaîtrait jamais, dont il se demandait perpétuellement ce qu'elle était en elle-même, derrière le voile des regards et de la chair, dans cette femme je reconnus à l'instant "Rachel quand du Seigneur" celle qui, il y a quelques années – les femmes changent si vite de situation dans ce monde-là, quand elles en changent – disait à la maquerelle : "Alors demain soir, si vous avez besoin de moi pour quelqu'un, vous me ferez chercher." »

Le Côté de Guermantes I

« C'est la terrible tromperie de l'amour qu'il commence par nous faire jouer avec une femme non du monde extérieur, mais avec une poupée intérieure à notre cerveau, la seule d'ailleurs que nous ayons toujours à notre disposition, la seule que nous posséderons, que l'arbitraire du souvenir, presque aussi absolu que celui de l'imagination, peut avoir faite aussi différente de la femme réelle que du Balbec réel avait été pour moi le Balbec rêvé ; création factice à laquelle peu à peu, pour notre souffrance, nous forcerons la femme réelle à ressembler. »

Le Côté de Guermantes II

« Je savais bien qu'à une demi-heure de la maison je ne trouverais pas la Bretagne. Mais en me promenant enlacé à Mme de Stermaria dans les ténèbres de l'île, au bord de l'eau, je ferais comme d'autres qui, ne pouvant pénétrer dans un couvent, du moins, avant de posséder une femme, l'habillent en religieuse. »

Le Côté de Guermantes II

« La pièce la plus commode de l'hôtel pour recevoir était le salon de lecture, ce lieu jadis si terrible où maintenant j'entrais dix fois par jour, ressortant librement, en maître, comme ces fous peu atteints et depuis si longtemps pensionnaires d'un asile que le médecin leur en a confié la clé. »

Sodome et Gomorrhe II

« De nombreux Cottard, qui ont cru passer leur vie au cœur du faubourg Saint-Germain, ont eu leur imagination peut-être plus enchantée de rêves féodaux que ceux qui avaient effectivement vécu parmi des princes, de même que pour le petit commerçant qui, le dimanche, va parfois visiter des édifices "du vieux temps", c'est quelquefois dans ceux dont toutes les pierres sont du nôtre, et dont les voûtes ont été, par des élèves de Viollet-le-Duc, peintes en bleu et semées d'étoiles d'or, qu'ils ont le plus la sensation du Moyen Âge. »

Sodome et Gomorrhe II

« Ainsi, à la fin de son séjour à Balbec, il avait perdu je ne sais à quoi tout son argent et, n'ayant pas osé le dire à M. de Charlus, cherchait quelqu'un à qui en demander. Il avait appris de son père (qui malgré cela lui avait défendu de devenir jamais "tapeur") qu'en pareil cas il est convenable d'écrire à la personne à qui on veut s'adresser "qu'on a à lui parler pour affaires", qu'on lui "demande un rendez-vous pour affaires". Cette formule magique enchantait tellement Morel qu'il eût, je pense, souhaité perdre de l'argent rien que pour le plaisir de demander un rendez-vous "pour affaires".»

La Prisonnière

« Albertine avait pour toutes ces jolies choses un goût bien plus vif que la duchesse, parce que, comme tout obstacle apporté à une possession (telle pour moi la maladie qui me rendait les voyages si difficiles et si désirables), la pauvreté, plus généreuse que l'opulence, donne aux femmes bien plus que la toilette qu'elles ne peuvent pas acheter, le désir de cette toilette, et qui en est la connaissance véritable, détaillée, approfondie. [...] Tandis que les femmes riches, au milieu de la multitude de leurs chapeaux et de leurs robes, sont comme ces visiteurs à qui la promenade dans un musée n'étant précédée d'aucun désir donne seulement une sensation d'étourdissement, de fatigue et d'ennui. »

La Prisonnière

« Hélas ! une fois auprès de moi, la blonde crémière aux mèches striées, dépouillée de tant d'imagination et de désirs éveillés en moi, se trouva réduite à elle-même. Le nuage frémissant de mes suppositions ne l'enveloppait plus d'un vertige. Elle prenait un air tout penaud de n'avoir plus (au lieu des dix, des vingt, que je me rappelais tour à tour sans pouvoir fixer mon souvenir) qu'un seul nez, plus rond que je ne l'avais cru, qui donnait une idée de bêtise et avait en tout cas perdu le pouvoir de se multiplier. Ce vol capturé, inerte, anéanti, incapable de rien ajouter à sa pauvre évidence, n'avait plus mon imagination pour collaborer avec lui. »

La Prisonnière

« Celui qui veut entretenir en soi le désir de continuer à vivre et la croyance en quelque chose de plus délicieux que les choses habituelles, doit se promener ; car *les rues, les avenues, sont pleines de Déesses. Mais les Déesses ne se laissent pas approcher*. Çà et là, entre les arbres, à l'entrée de quelque café, une servante veillait comme une nymphe à l'orée d'un bois sacré, tandis qu'au fond trois jeunes filles étaient assises à côté de l'arc immense de leurs bicyclettes posées à côté d'elles, comme trois immortelles accoudées au nuage ou au coursier fabuleux sur lesquels elles accomplissaient leurs voyages mythologiques »

La Prisonnière

« — Albertine, pouvez-vous me jurer que vous ne m'avez jamais menti?
Elle regarda fixement dans le vide […]. Elle regarda encore et dit :
— J'ai eu tort de vous cacher un voyage de trois semaines que j'ai fait avec Léa. Mais je vous connaissais si peu.
— C'était avant Balbec?
— Avant le second, oui.
Et le matin même, elle m'avait dit qu'elle ne connaissait pas Léa! Je regardais une flambée brûler d'un seul coup un roman que j'avais mis des millions de minutes à écrire. À quoi bon? À quoi bon?»

La Prisonnière

« "Elle est sûrement merveilleuse", continuait à dire Robert, qui n'avait pas vu que je lui tendais la photographie. Soudain il l'aperçut, il la tint un instant dans ses mains. Sa figure exprimait une stupéfaction qui allait jusqu'à la stupidité. "C'est ça, la jeune fille que tu aimes?" finit-il par me dire d'un ton où l'étonnement était maté par la crainte de me fâcher. Il ne fit aucune observation, il avait pris l'air raisonnable, prudent, forcément un peu dédaigneux qu'on a devant un malade – eût-il été jusque-là un homme remarquable et votre ami – mais qui n'est plus rien de tout cela, car, frappé de folie furieuse, il vous parle d'un être céleste qui lui est apparu et continue à le voir à l'endroit où vous, homme sain, vous n'apercevez qu'un édredon.»

Albertine disparue

«Bref Albertine n'était, comme une pierre autour de laquelle il a neigé, que le centre générateur d'une immense construction qui passait par le plan de mon cœur. Robert, pour qui était invisible tout cette stratification de sensations, ne saisissait qu'un résidu qu'elle m'empêchait au contraire d'apercevoir. Ce qui avait décontenancé Robert quand il avait aperçu la photographie d'Albertine était non le saisissement des vieillards troyens voyant passer Hélène et disant :

Notre mal ne vaut pas un seul de ses regards,

mais celui exactement inverse et qui fait dire : "Comment, c'est pour ça qu'il pu se faire tant de bile, tant de chagrin, faire tant de folies !"»

Albertine disparue

«Je ne me faisais pas d'illusions sur ce que Saint-Loup pouvait penser, sur ce que tout autre que l'amant peut penser. Et je n'en souf-

ET J'AVAIS UNE BONNE VOLONTÉ INFINIE
À APPELER PORTRAIT D'ANCÊTRE
LE PORTRAIT QUI AVAIT ÉTÉ ACHETÉ
LE MOIS PRÉCÉDENT CHEZ BERNHEIM JEUNE.

frais pas trop. Laissons les jolies femmes aux hommes sans imagination. »

Albertine disparue

« Rien ne m'était plus facile que de me faire croire à moi-même que le vieux domestique engagé de la veille ou fourni par Potel et Chabot était fils, petit-fils, descendant de ceux qui servaient la famille bien avant la Révolution, et j'avais une bonne volonté infinie à appeler portrait d'ancêtre le portrait qui avait été acheté le mois précédent chez Bernheim jeune. Mais un charme ne se transvase pas, les souvenirs ne peuvent se diviser, et du prince de Guermantes, maintenant qu'il avait percé lui-même à jour les illusions de ma croyance en étant allé habiter avenue du Bois, il ne restait plus grand-chose. »

Le Temps retrouvé

« Mais d'abord il en est de la vieillesse comme de la mort. Quelques-uns les affrontent avec indifférence, non pas parce qu'ils ont plus de courage que les autres, mais parce qu'ils ont moins d'imagination. »

Le Temps retrouvé

Amours et jalousies

« Ses yeux noirs brillaient et comme je ne savais pas alors, ni ne l'ai appris depuis, réduire en ses éléments objectifs une impression forte […] chaque fois que je repensai à elle, le souvenir de leur éclat se présentait aussitôt à moi comme celui d'un vif azur, puisqu'elle était blonde : de sorte que, peut-être si elle n'avait pas eu les yeux aussi noirs – ce qui frappait tant la première fois qu'on la voyait – je n'aurais pas été, comme je le fus, plus particulièrement amoureux, en elle, de ses yeux bleus. »

Du côté de chez Swann

« Swann, lui, ne cherchait pas à trouver jolies les femmes avec qui il passait son temps, mais à passer son temps avec les femmes qu'il avait d'abord trouvées jolies. »

Du côté de chez Swann

« Une heure après, il reçut un mot d'Odette et reconnut tout de suite cette grande écriture dans laquelle une affectation de raideur britannique imposait une apparence de discipline à des caractères informes qui eussent signifié peut-être pour des yeux moins prévenus le désordre de la pensée, l'insuffisance de l'éducation, le manque de franchise et de volonté. Swann avait oublié son étui à cigarettes chez Odette. "Que n'y avez-vous oublié aussi votre cœur, je ne vous aurais pas laissé le reprendre."»

Du côté de chez Swann

«Et tout ce dont il aurait eu honte jusqu'ici, espionner devant une fenêtre, qui sait? demain, peut-être faire parler habilement les indifférents, soudoyer les domestiques, écouter aux portes, ne lui semblait plus, aussi bien que le déchiffrement des textes, la comparaison des témoignages et l'interprétation des monuments, que des méthodes d'investigation scientifique d'une véritable valeur intellectuelle et appropriées à la recherche de la vérité.»

Du côté de chez Swann

«Il voyait le pianiste prêt à jouer la sonate *Clair de lune* et les mines de Mme Verdurin s'effrayant du mal que la musique de Beetho-

SWANN AVAIT OUBLIÉ SON ÉTUI À CIGARETTES CHEZ ODETTE.
"QUE N'Y AVEZ-VOUS OUBLIÉ AUSSI VOTRE CŒUR.
JE NE VOUS AURAIS PAS LAISSÉ LE REPRENDRE."

ven allait faire à ses nerfs : "Idiote, menteuse !
s'écria-t-il, et ça croit aimer *l'Art* !" Elle dirait
à Odette, après lui avoir insinué adroitement
quelques mots louangeurs pour Forcheville,
comme elle avait fait si souvent pour lui : "Vous
allez faire une petite place à côté de vous à
M. de Forcheville." "Dans l'obscurité ! maquerelle, entremetteuse !" "Entremetteuse", c'était
le nom qu'il donnait aussi à la musique qui
les convierait à se taire, à rêver ensemble, à se
regarder, à se prendre la main. Il trouvait du
bon à la sévérité contre les arts, de Platon, de
Bossuet, et de la vieille éducation française. »

Du côté de chez Swann

« Mais quand elle était partie pour Dreux ou
pour Pierrefonds – hélas, sans lui permettre
d'y aller, comme par hasard, de son côté, car
"cela ferait un effet déplorable", disait-elle – *il
se plongeait dans le plus enivrant des romans
d'amour, l'indicateur des chemins de fer, qui lui
apprenait les moyens de la rejoindre, l'après-
midi, le soir, ce matin même !* Le moyen ?
presque davantage : l'autorisation. Car enfin
l'indicateur et les trains eux-mêmes n'étaient
pas faits pour des chiens. Si on faisait savoir au

public, par voie d'imprimés, qu'à huit heures du matin partait un train qui arrivait à Pierrefonds à dix heures, c'est donc qu'aller à Pierrefonds était un acte licite, pour lequel la permission d'Odette était superflue [...] puisque des gens qui ne la connaissaient pas l'accomplissaient chaque jour, en assez grand nombre pour que cela valût la peine de faire chauffer des locomotives. »

Du côté de chez Swann

« Les journées, Swann les passait sans Odette ; et par moments il se disait que laisser une aussi jolie femme sortir ainsi seule dans Paris était aussi imprudent que de poser un écrin plein de bijoux au milieu de la rue. Alors il s'indignait contre tous les passants comme contre autant de voleurs. »

Du côté de chez Swann

« Alors tout ce que disait Odette lui paraissait suspect. L'entendait-il citer un nom, c'était certainement celui d'un de ses amants ; une fois cette supposition forgée, il passait des semaines à se désoler ; il s'aboucha même une fois avec une agence de renseignements pour savoir l'adresse, l'emploi du temps de l'inconnu qui ne le laisserait respirer que quand il serait en voyage, et dont il finit par apprendre que c'était un oncle d'Odette mort depuis vingt ans. »

Du côté de chez Swann

« Et avec cette muflerie intermittente qui reparaissait chez lui dès qu'il n'était plus malheureux et que baissait du même coup le niveau de sa moralité, il s'écria en lui-même : "Dire que j'ai gâché des années de ma vie, que j'ai voulu mourir, que j'ai eu mon plus grand amour, pour une femme qui ne me plaisait pas, qui n'était pas mon genre !" »

Du côté de chez Swann

« Au point qu'une fois ma grand-mère n'étant pas rentrée pour l'heure du dîner, je ne pus m'empêcher de me dire tout de suite que si elle avait été écrasée par une voiture, je ne pourrais pas aller de quelque temps aux Champs-Élysées : on n'aime plus personne dès qu'on aime. »

Du côté de chez Swann

« À un moment, Albertine pencha vers moi d'un air d'intelligence sa figure pleine et rose, faisant ainsi semblant d'avoir la bague, afin de tromper le furet et de l'empêcher de regarder du côté où celle-ci était en train de passer. […] Je sentis une légère pression de la main d'Albertine contre la mienne, et son doigt caressant qui se glissait sous mon doigt, et je vis qu'elle m'adressait en même temps un clin d'œil qu'elle cherchait à rendre imperceptible. D'un seul coup, une foule d'espoirs jusque-là invisibles à moi-même cristallisèrent : "Elle profite du jeu pour me faire sentir qu'elle m'aime bien", pensai-je au comble d'une joie d'où je retombai aussitôt quand j'entendis Albertine me dire avec rage : "Mais prenez-la donc, voilà une heure que je vous la passe." »

À l'ombre des jeunes filles en fleurs

« "Finissez ou je sonne", s'écria Albertine voyant que je me jetais sur elle pour l'embrasser. Mais je me disais que ce n'était pas pour ne rien faire qu'une jeune fille fait venir un jeune homme en cachette, en s'arrangeant pour que sa tante ne le sache pas, que d'ailleurs l'audace réussit à ceux qui savent profiter des occasions ; dans l'état d'exaltation où j'étais, le visage rond d'Albertine, éclairé d'un feu intérieur comme par une veilleuse, prenait pour moi un tel relief qu'imitant la rotation d'une sphère ardente, il me semblait tourner telles ces figures de Michel-Ange qu'emporte un immobile et vertigineux tourbillon. J'allais savoir l'odeur, le goût, qu'avait ce fruit rose inconnu. J'entendis un son précipité, prolongé et criard. Albertine avait sonné de toutes ses forces.»

À l'ombre des jeunes filles en fleurs

«Au contraire de ce qui s'était produit quand Bloch m'avait dit qu'on pouvait avoir toutes les femmes, et comme si, au lieu d'une jeune fille réelle, j'avais connu une poupée de cire, il arriva que peu à peu se détacha d'elle mon désir de pénétrer dans sa vie, de la suivre dans les pays où elle avait passé son enfance, d'être initié par elle à une vie de sport; ma curiosité intellectuelle de ce qu'elle pensait sur tel ou tel sujet ne survécut pas à la croyance que je pourrais l'embrasser.»

À l'ombre des jeunes filles en fleurs

«J'aimais vraiment Mme de Guermantes. Le plus grand bonheur que j'eusse pu demander à Dieu eût été de faire fondre sur elle toutes les calamités, et que ruinée, déconsidérée, dépouillée de tous les privilèges qui me séparaient d'elle, n'ayant plus de maison où habiter ni gens qui consentissent à la saluer, elle vînt me demander asile. Je l'imaginais le faisant. »

Le Côté de Guermantes I

« Hélas ! si pour moi rencontrer toute autre personne qu'elle eût été indifférent, je sentais que, pour elle, rencontrer n'importe qui excepté moi eût été supportable. »

Le Côté de Guermantes I

« En effet, que le monsieur qui au théâtre ou au café se trouvait leur voisin, que tout simplement le cocher du fiacre qu'ils avaient pris, eût quelque chose d'agréable, Robert, aussitôt averti par sa jalousie, l'avait remarqué avant sa maîtresse ; il voyait immédiatement en lui un de ces êtres immondes dont il m'avait parlé à Balbec, qui pervertissent et déshonorent les femmes pour s'amuser, il suppliait sa maîtresse de détourner de lui ses regards et par là-même le lui désignait. »

Le Côté de Guermantes I

« Elle était, en mangeant, maladroite de ses mains à un degré qui laissait supposer qu'en jouant la comédie sur la scène, elle devait se montrer bien gauche. Elle ne retrouvait de la dextérité que dans l'amour par cette touchante prescience des femmes qui aiment tant le corps de l'homme qu'elles devinent du premier coup ce qui fera le plus de plaisir à ce corps pourtant si différent du leur. »

Le Côté de Guermantes I

« Je restai ainsi seul, puis à mon tour Robert me fit appeler. Je trouvai sa maîtresse étendue sur un sofa, riant sous les baisers, les caresses qu'il lui prodiguait. Ils buvaient du champagne. "Bonjour, vous !" lui dit-elle, car elle avait appris récemment cette formule qui lui paraissait le dernier mot de la tendresse et de l'esprit. »

Le Côté de Guermantes I

« Peut-être Mme Leroi connaissait-elle aussi ces éminentes personnalités européennes. Mais en femme agréable et qui fuit le ton des bas-bleus, elle se gardait de parler de la question d'Orient aux premiers ministres aussi bien que de l'essence de l'amour aux romanciers et aux philosophes. "L'amour ? avait-elle répondu à une dame prétentieuse qui lui avait demandé : 'Que pensez-vous de l'amour ?' L'amour ? Je le fais souvent mais je n'en parle jamais." Quand elle avait chez elle de ces célébrités de la littérature et de la politique, elle se contentait, comme la duchesse de Guermantes, de les faire jouer au poker. Ils aimaient souvent mieux cela que les grandes conversations à idées générales où les contraignait Mme de Villeparisis. »

Le Côté de Guermantes I

« Or, les demandes d'argent fréquentes d'une maîtresse quittée ne vous donnent pas plus une idée complète de sa vie que des feuilles de température élevée ne donneraient de sa maladie. Mais les secondes seraient tout de même un signe qu'elle est malade, et les premières fournissent une présomption, assez vague il est vrai, que la délaissée ou délaisseuse n'a pas dû trouver grand-chose comme riche protecteur. Aussi chaque demande est-elle accueillie avec la joie que produit une accalmie dans la souffrance du jaloux, et suivie immédiatement d'envois d'argent, car on veut qu'elle ne manque de rien, sauf d'amants. »

Le Côté de Guermantes II

« Je me disais que j'allais connaître le goût de cette rose charnelle, parce que je n'avais pas songé que l'homme, créature évidemment moins rudimentaire que l'oursin ou même la baleine, manque cependant encore d'un certain nombre d'organes essentiels, et notamment n'en possède aucun qui serve au baiser. À cet organe absent il supplée par les lèvres, et par là arrive-t-il peut-être à un résultat un peu plus satisfaisant que s'il était réduit à caresser la bien-aimée avec une défense de corne. »

Le Côté de Guermantes II

« C'est d'ailleurs le propre de l'amour de nous rendre à la fois plus défiants et plus crédules, de nous faire soupçonner, plus vite que nous n'aurions fait une autre, celle que nous aimons, et d'ajouter foi plus aisément à ses dénégations. Il faut aimer pour prendre souci qu'il n'y ait pas que des honnêtes femmes, autant dire pour s'en aviser, et il faut aimer aussi pour souhaiter, c'est-à-dire pour s'assurer qu'il y en a. »

Sodome et Gomorrhe II

« Albertine amie de Mlle Vinteuil et de son amie, pratiquante professionnelle du saphisme, c'était auprès de ce que j'avais imaginé dans les plus grands doutes, ce qu'est au petit acoustique de l'Exposition de 1889 dont on espérait à peine qu'il pourrait aller du bout d'une maison à une autre, le téléphone planant sur les rues, les villes, les champs, les mers, reliant les pays. C'était une *terra incognita* terrible où je venais d'atterrir, une phase nouvelle de souffrances insoupçonnées qui s'ouvrait. »

Sodome et Gomorrhe II

« Elle m'offrait justement – et elle seule pouvait me l'offrir – l'unique remède contre le poison qui me brûlait, homogène à lui d'ailleurs ; l'un doux, l'autre cruel, tous deux étaient également dérivés d'Albertine. En ce moment Albertine – mon mal – se relâchant de me causer des souffrances, me laissait – elle, Albertine remède – attendri comme un convalescent. »

Sodome et Gomorrhe II

« Il est déjà difficile de dire "pourquoi avez-vous regardé telle passante ?" mais bien plus "pourquoi ne l'avez-vous pas regardée ?" [...] Les maris trompés qui ne savent rien, savent tout tout de même. Mais il faut un dossier plus matériellement documenté pour établir une scène de jalousie. D'ailleurs, si la jalousie nous aide à découvrir un certain penchant à mentir chez la femme que nous aimons, elle centuple ce penchant quand la femme a découvert que nous sommes jaloux. »

La Prisonnière

« Comme les choses probablement les plus insignifiantes prennent soudain une valeur extraordinaire quand un être que nous aimons (ou à qui il ne manquait que cette duplicité pour que nous l'aimions) nous les cache ! »

La Prisonnière

« Je ne me rendais pas compte qu'il y avait longtemps que j'aurais dû cesser de voir Albertine, car elle était entrée pour moi dans cette période lamentable où un être, disséminé dans l'espace et dans le temps, n'est plus pour nous une femme, mais une suite d'événements sur lesquels nous ne pouvons faire la lumière, une suite de problèmes insolubles, une mer que nous essayons ridiculement, comme Xerxès, de battre pour la punir de tout ce qu'elle a englouti. Une fois cette période commencée, on est forcément vaincu. »

La Prisonnière

« Et me rappelant ce qu'elle avait dit la veille, tout en la remerciant avec exagération d'avoir renoncé aux Verdurin, afin qu'une autre fois elle m'obéît de même pour telle ou telle chose, je dis : "Albertine, vous vous méfiez de moi qui vous aime et vous avez confiance en des gens qui ne vous aiment pas" (comme s'il n'était pas naturel de se méfier des gens qui vous aiment et qui seuls ont intérêt à vous mentir pour savoir, pour empêcher). »

La Prisonnière

« J'ignorais même si Albertine la connaissait ou non. N'importe, cela revenait au même. Il fallait à tout prix empêcher qu'au Trocadéro elle pût retrouver une connaissance, ou faire la connaissance de cette inconnue. »

La Prisonnière

«Notre jalousie fouillant le passé pour en tirer des inductions n'y trouve rien; toujours rétrospective, elle est comme un historien qui aurait à faire une histoire pour laquelle il n'est aucun document; toujours en retard, elle se précipite comme un taureau furieux là où ne se trouve pas l'être fier et brillant qui l'irrite de ses piqûres et dont la foule cruelle admire la magnificence et la ruse.»

La Prisonnière

«Cette attention, d'ailleurs, qui m'eût semblé criminelle de la part d'Albertine (et tout autant si elle avait eu pour objet des jeunes gens), je l'attachais, sans me croire un instant coupable – et en trouvant presque qu'Albertine l'était en m'empêchant par sa présence de m'arrêter et de descendre – sur toutes les midinettes. On trouve innocent de désirer et atroce que l'autre désire. Et ce contraste entre ce qui concerne ou bien nous, ou bien celle que nous aimons, n'a pas trait au désir seulement, mais aussi au mensonge.»

La Prisonnière

«Je fus très étonné de voir là, aussi aimable et flagorneur avec M. de Charlus qu'il était sec avec lui autrefois, se faisant présenter Charlie et lui disant qu'il espérait qu'il viendrait le voir, M. d'Argencourt, cet homme si terrible pour l'espèce d'hommes dont était M. de Charlus. Or il en vivait maintenant entouré. Ce n'était pas, certes, qu'il fût devenu des pareils de M. de Charlus. Mais depuis quelque temps il avait à peu près abandonné sa femme pour une jeune femme du monde qu'il adorait. Intelligente, elle lui faisait partager son goût pour les gens intelligents et souhaitait fort d'avoir M. de Charlus chez elle. Mais surtout, M. d'Argencourt, fort jaloux et un peu impuissant, sentant qu'il satisfaisait mal sa conquête et voulant à la fois la préserver et la distraire, ne le pouvait sans danger qu'en l'entourant d'hommes inoffensifs, à qui il faisait ainsi jouer le rôle de gardiens du sérail. »

La Prisonnière

« Et les amants qu'avait eus successivement Odette [...], M. de Charlus se mit à les énumérer avec autant de certitude que s'il avait récité la liste des rois de France. Et en effet le jaloux est, comme les contemporains, trop près, il

CAR TOUT LE MONDE LE TIENT AVEUGLÉ, LE MALHEUREUX,
LES ÊTRES BONS PAR BONTÉ, LES ÊTRES MÉCHANTS PAR MÉCHANCETÉ,
LES ÊTRES GROSSIERS PAR GOÛT DES VILAINES FARCES,
LES ÊTRES BIEN ÉLEVÉS PAR POLITESSE ET BONNE ÉDUCATION,
ET TOUS PAR UNE DE CES CONVENTIONS QU'ON APPELLE PRINCIPE.

ne sait rien, et c'est pour les étrangers que la chronique des adultères prend la précision de l'histoire, et s'allonge en listes, d'ailleurs indifférentes, et qui ne deviennent tristes que pour un autre jaloux, comme j'étais, qui ne peut s'empêcher de comparer son cas à celui dont il entend parler et qui se demande si pour la femme dont il doute une liste aussi illustre n'existe pas. Mais il n'en peut rien savoir, c'est comme une conspiration universelle, une brimade à laquelle tous participent cruellement et qui consiste, tandis que son amie va de l'un à l'autre, à lui tenir sur les yeux un bandeau qu'il fait perpétuellement effort pour arracher sans y réussir, car tout le monde le tient aveuglé, le malheureux, les êtres bons par bonté, les êtres méchants par méchanceté, les êtres grossiers par goût des vilaines farces, les êtres bien élevés par politesse et bonne éducation, et tous par une de ces conventions qu'on appelle principe. »

La Prisonnière

« Les hommes qui ont été quittés par plusieurs femmes l'ont été presque toujours de la même manière à cause de leur caractère et de réactions toujours identiques qu'on peut calculer : chacun a sa manière propre d'être trahi, comme il a sa manière de s'enrhumer. »

Albertine disparue

« Ce lit paraît si étroit, si dur, si froid, où l'on se couche avec sa douleur. Je me remis donc sur mes jambes ; je n'avançais dans la chambre qu'avec une prudence infinie, je me plaçais de façon à ne pas apercevoir la chaise d'Albertine, le pianola sur les pédales duquel elle appuyait ses mules d'or, un seul des objets dont elle avait usé et qui tous, dans le langage particulier que leur avaient enseigné mes souvenirs, semblaient vouloir me donner une traduction, une version différente, m'annoncer une seconde fois la nouvelle de son départ. »

Albertine disparue

« Une femme que nous entretenons ne nous semble pas une femme entretenue tant que nous ne savons pas qu'elle l'est par d'autres. »

Albertine disparue

« D'autre fois Albertine se trouvait dans mon rêve [...]. Ce souvenir qu'Albertine était morte se combinait sans la détruire avec la sensation qu'elle était vivante. Je causais avec elle, pendant que je parlais, ma grand-mère allait et venait dans le fond de la chambre. Une partie de son menton était tombée en miettes comme un marbre rongé, mais je ne trouvais à cela rien d'extraordinaire. Je disais à Albertine que j'aurais des questions à lui poser relativement à l'établissement de douches de Balbec et à une certaine blanchisseuse de Touraine, mais je remettais cela à plus tard puisque nous avions tout le temps et que rien ne pressait plus.»

Albertine disparue

«Il me fut particulièrement pénible d'entendre Andrée me dire en parlant d'Albertine : "Ah! oui, elle aimait bien qu'on aille se promener dans la vallée de Chevreuse." À l'univers vague et inexistant où se passaient les promenades d'Albertine et d'Andrée, il me semblait que celle-ci venait par une création postérieure et diabolique, d'ajouter à l'œuvre de Dieu une vallée maudite.»

Albertine disparue

«Le mensonge est essentiel à l'humanité. Il y joue peut-être un aussi grand rôle que la recherche du plaisir, et d'ailleurs est commandé par cette recherche. On ment pour protéger son plaisir, ou son honneur si la divulgation du plaisir est contraire à l'honneur. On ment toute sa vie, même, surtout, peut-être seulement, à ceux qui nous aiment. »

Albertine disparue

« D'une part, le mensonge est souvent un trait de caractère ; d'autre part, chez des femmes qui ne seraient sans cela menteuses, il est une défense naturelle, improvisée, puis de mieux en mieux organisée, contre ce danger subit et qui serait capable de détruire toute vie : l'amour. »

Albertine disparue

« L'heure du train qui s'approchait, sans que Gilberte sût si son mari arriverait vraiment ou s'il n'enverrait pas une de ces dépêches dont M. de Guermantes avait spirituellement fixé le modèle : IMPOSSIBLE VENIR, MENSONGE SUIT. »

Le Temps retrouvé

Des goûts et des couleurs

« Swann les regardait écouter l'intermède de piano (*Saint François parlant aux oiseaux* de Liszt) qui avait succédé à l'air de flûte, et suivre le jeu vertigineux du virtuose, Mme de Franquetot anxieusement, les yeux éperdus comme si les touches sur lesquelles il courait avec agilité avaient été une suite de trapèzes d'où il pouvait tomber d'une hauteur de quatre-vingts mètres. »

Du côté de chez Swann

« — Mon Dieu, je reconnais les qualités qu'il y a dans le portrait de mon mari, c'est moins étrange que ce qu'il fait d'habitude, mais il a fallu qu'il lui fasse des moustaches bleues. [...] Mais je trouve que la première qualité d'un portrait, surtout quand il coûte dix mille francs, est d'être ressemblant et d'une ressemblance agréable.

Ayant tenu ces propos que lui inspiraient la hauteur de son aigrette, le chiffre de son porte-cartes, le petit numéro tracé à l'encre dans ses gants par le teinturier et l'embarras de parler à Swann des Verdurin, Mme Cottard, voyant qu'on était encore loin du coin de la rue Bonaparte où le conducteur devait l'arrêter, écouta son cœur qui lui conseillait d'autres paroles. »

Du côté de chez Swann

« En revanche il n'hésita pas à féliciter mon père de la "composition" de son portefeuille "d'un goût très sûr, très délicat, très fin". On aurait dit qu'il attribuait aux relations des valeurs de bourse entre elles, et même aux valeurs de bourse en elles-mêmes, quelque chose comme un mérite esthétique. »

À l'ombre des jeunes filles en fleurs

« Son amabilité tandis que tout près d'elle je retrouvais son petit grain de beauté sur la joue au-dessous de l'œil fut une autre borne ; enfin, je fus étonné de l'entendre se servir de l'adverbe "parfaitement" au lieu de "tout à fait", en parlant de deux personnes, disant de l'une "elle est parfaitement folle, mais très gentille tout de même" et de l'autre "c'est un monsieur parfaitement commun et parfaitement ennuyeux". Si

peu plaisant que soit cet emploi de "parfaitement", il indique un degré de civilisation et de
culture auquel je n'aurais pu imaginer qu'attei-
gnait la bacchante à bicyclette, la muse orgiaque
du golf. »

À l'ombre des jeunes filles en fleurs

« Les décors encore plantés entre lesquels je
passais, vus ainsi de près, et dépouillés de tout
ce que leur ajoutent l'éloignement et l'éclairage
que le grand peintre qui les avait brossés avait
calculés, étaient misérables, et Rachel, quand
je m'approchai d'elle, ne subit pas un moindre
pouvoir de destruction. Les ailes de son nez
charmant étaient restées dans la perspective,
entre la salle et la scène, tout comme le relief
des décors. Ce n'était plus elle, je ne la recon-
naissais que grâce à ses yeux où son identité
s'était réfugiée. La forme, l'éclat de ce jeune
astre si brillant tout à l'heure avaient disparu.
En revanche, comme si nous nous approchions
de la lune et qu'elle cessât de nous paraître de
rose et d'or, sur ce visage si uni tout à l'heure je
ne distinguais plus que des protubérances, des
taches, des fondrières. »

Le Côté de Guermantes I

« — Mais, lui dis-je, sentant que la seule manière de réhabiliter Poussin aux yeux de Mme de Cambremer c'était d'apprendre à celle-ci qu'il était redevenu à la mode, M. Degas assure qu'il ne connaît rien de plus beau que les Poussin de Chantilly.

— Ouais ? Je ne connais pas ceux de Chantilly, me dit Mme de Cambremer qui ne voulait pas être d'un autre avis que Degas, mais je peux parler de ceux du Louvre qui sont des horreurs.

— Il les admire aussi énormément.

— Il faudra que je les revoie. Tout cela est un peu ancien dans ma tête, répondit-elle après un instant de silence et comme si le jugement favorable qu'elle allait certainement bientôt porter sur Poussin devait dépendre, non de la nouvelle que je venais de lui communiquer, mais de l'examen supplémentaire et cette fois définitif qu'elle comptait faire subir aux Poussin du Louvre pour avoir la faculté de se déjuger. »

Sodome et Gomorrhe II

« De même pour Vinteuil. Si on en parlait, elle ne professait aucune admiration, mais au bout d'un instant exprimait d'un air froid son regret qu'on en jouât ce soir-là :

— Je n'ai rien contre Vinteuil ; à mon sens, c'est

le plus grand musicien du siècle, seulement je ne peux pas écouter ces machines-là sans cesser de pleurer un instant (elle ne disait nullement "pleurer" d'un air pathétique, elle aurait dit d'un air aussi naturel "dormir", certaines méchantes langues prétendaient même que ce dernier verbe eût été plus vrai, personne ne pouvant du reste décider, car elle écoutait cette musique-là la tête dans ses mains, et certains bruits ronfleurs pouvaient après tout être des sanglots). Pleurer ça ne me fait pas mal, tant qu'on voudra, seulement ça me fiche après des rhumes à tout casser. [...] Un maître délicieux [...] m'avait soignée pour cela. Il professe un axiome assez original : "Mieux vaut prévenir que guérir." Et il me graisse le nez avant que la musique commence. C'est radical. Je peux pleurer comme je ne sais pas combien de mères qui auraient perdu leurs enfants, pas le moindre rhume. Quelquefois un peu de conjonctivite, mais c'est tout. L'efficacité est absolue. Sans cela je n'aurais pu continuer à écouter du Vinteuil. »

La Prisonnière

« Je regardais la Patronne, dont l'immobilité farouche semblait protester contre les battements de mesure exécutés par les têtes ignorantes des dames du Faubourg. Mme Verdurin ne disait pas : "Vous comprenez que je la connais un peu cette musique, et un peu encore ! S'il me fallait exprimer tout ce que je ressens, vous n'en auriez pas fini !" Elle ne le disait pas. Mais sa taille droite et immobile, ses yeux sans expression, ses mèches fuyantes, le disaient pour elle. Ils disaient aussi son courage, que les musiciens pouvaient y aller, ne pas ménager ses nerfs, qu'elle ne flancherait pas à l'andante, qu'elle ne crierait pas à l'allegro. »

La Prisonnière

« L'andante venait de finir sur une phrase remplie d'une tendresse à laquelle je m'étais donné tout entier ; alors il y eut, avant le mouvement suivant, un instant de repos où les exécutants posèrent leurs instruments et les auditeurs échangèrent quelques impressions. Un duc, pour montrer qu'il s'y connaissait, déclara : "C'est très difficile à bien jouer." Des personnes plus agréables causèrent un moment avec moi. Mais qu'étaient leurs paroles, qui, comme toute parole humaine extérieure, me laissaient si indifférent […] ? Et de même que certains êtres sont les derniers témoins d'une forme de vie que la nature a abandonnée, je me demandais si la musique n'était l'exemple unique de ce qu'aurait pu être – s'il n'y avait pas eu l'invention du langage, la formation des mots, l'analyse des idées – la communication des âmes. »

La Prisonnière

Petites superstitions ordinaires

« En somme, ma tante exigeait à la fois qu'on l'approuvât dans son régime, qu'on la plaignît pour ses souffrances et qu'on la rassurât sur son avenir.

C'est à quoi Eulalie excellait. Ma tante pouvait lui dire vingt fois en une minute : "C'est la fin, ma pauvre Eulalie", vingt fois Eulalie répondait : "Connaissant votre maladie comme vous la connaissez, madame Octave, vous irez à cent ans, comme me disait hier encore Mme Sazerin." [...] "Je ne demande pas à aller à cent ans", répondait ma tante qui préférait ne pas voir assigner à ses jours un terme précis. »

Du côté de chez Swann

« Comme la promenade du côté de Méséglise était la moins longue des deux que nous faisions autour de Combray et qu'à cause de cela on la réservait pour les temps incertains, le climat du côté de Méséglise était assez pluvieux et nous ne perdions jamais de vue la lisière des bois de Roussainville dans l'épaisseur desquels nous pourrions nous mettre à couvert. »

Du côté de chez Swann

« Il aimait qu'Odette fût ainsi, de même que, s'il avait été épris d'une Bretonne, il aurait été heureux de la voir en coiffe et de lui entendre dire qu'elle croyait aux revenants. »

Du côté de chez Swann

« Nous n'avons, pour que ce miracle s'accomplisse, qu'à approcher nos lèvres de la planchette magique et à appeler – quelquefois un peu trop longtemps, je le veux bien – les Vierges Vigilantes dont nous entendons chaque jour la voix sans jamais connaître le visage, et qui sont nos Anges gardiens dans les ténèbres vertigineuses dont elles surveillent jalousement les portes ; les Toutes-Puissantes par qui les absents surgissent à notre côté, sans qu'il soit permis de les apercevoir ; les Danaïdes de l'invisible qui sans cesse vident, remplissent, se transmettent les urnes des sons ; les ironiques Furies qui, au moment que nous murmurions une confidence à une amie, avec l'espoir que personne

ne nous entendait, nous crient cruellement :
"J'écoute"; les servantes toujours irritées du
Mystère, les ombrageuses prêtresses de l'Invi-
sible, les Demoiselles du téléphone ! »

Le Côté de Guermantes I

« Celui qu'il attendait ainsi était Morel. Aussi
demandait-il à l'archange Raphaël de le lui
ramener comme le jeune Tobie. Et, mêlant
des moyens plus humains (comme les papes
malades qui, tout en faisant dire des messes,
ne négligent pas de faire appeler leur médecin), il insinuait à ses visiteurs que si Brichot lui
ramenait rapidement son jeune Tobie, peut-
être l'archange Raphaël consentirait-il à lui
rendre la vue comme au père de Tobie, ou dans
la piscine probatique de Bethsaïda. »

La Prisonnière

« L'esprit dans lequel Albertine était partie était
semblable sans doute à celui des peuples qui
font préparer par une démonstration de leur
armée l'œuvre de leur diplomatie. Elle n'avait
dû partir que pour obtenir de moi de meilleures
conditions, plus de liberté, de luxe. […] L'hy-
pothèse de la simulation me devenait d'autant

QUAND ON SE VOIT AU BORD
DE L'ABÎME ET QU'IL SEMBLE
QUE DIEU VOUS AIT ABANDONNÉ,
ON N'HÉSITE PLUS À ATTENDRE
DE LUI UN MIRACLE.

plus nécessaire qu'elle était plus improbable et gagnait en force ce qu'elle perdait en vraisemblance. Quand on se voit au bord de l'abîme et qu'il semble que Dieu vous ait abandonné, on n'hésite plus à attendre de lui un miracle.»

Albertine disparue

«Quand nous raisonnons sur ce qui se passera après notre propre mort, n'est-ce pas encore nous vivant que par erreur nous projetons à ce moment-là? Et est-il beaucoup plus ridicule en somme de regretter qu'une femme qui n'est plus rien ignore que nous avons appris ce qu'elle faisait il y a six ans, que de désirer que de nous-même qui serons mort, le public parle encore avec faveur dans un siècle?»

Albertine disparue

«J'allais peut-être, maintenant qu'Albertine était morte, savoir le secret de sa vie. Mais cela, ces indiscrétions qui ne se produisent qu'après que la vie terrestre d'une personne est finie, ne prouvent-elles pas que personne ne croit, au fond, à une vie future?»

Albertine disparue

« Notre amour de la vie n'est qu'une vieille liaison dont nous ne savons pas nous débarrasser. Sa force est dans sa permanence. Mais la mort qui la rompt nous guérira du désir de l'immortalité. »

Albertine disparue

« Chaque personne qui nous fait souffrir peut-être rattachée par nous à une divinité dont elle n'est qu'un reflet fragmentaire et le dernier degré, divinité (Idée) dont la contemplation nous donne aussitôt de la joie au lieu de la peine que nous avions. Tout l'art de vivre, c'est de ne nous servir des personnes qui nous font souffrir que comme d'un degré permettant d'accéder à leur forme divine et de peupler ainsi joyeusement notre vie de divinités. »

Le Temps retrouvé

« Un des moi, celui qui jadis allait dans ces festins de barbares qu'on appelle dîners en ville et où, pour les hommes en blanc, pour les femmes à demi nues et emplumées, les valeurs sont si renversées que quelqu'un qui ne vient pas dîner après avoir accepté, ou seulement n'arrive qu'au rôti, commet un acte plus coupable que les actions immorales dont on parle légèrement pendant ce dîner, ainsi que des morts récentes, et où la mort ou une grave maladie sont les seules excuses à ne pas venir, à condition qu'on eût fait prévenir à temps pour l'invitation d'un quatorzième, qu'on était mourant, ce moi-là en moi avait gardé ses scrupules et perdu sa mémoire. »

Le Temps retrouvé

Vie de salon

«Les Verdurin n'invitaient pas à dîner : on avait chez eux son "couvert mis". Pour la soirée, il n'y avait pas de programme. […] Si le pianiste voulait jouer la chevauchée de *La Walkyrie* ou le prélude de *Tristan*, Mme Verdurin protestait, non que cette musique lui déplût, mais au contraire parce qu'elle lui causait trop d'impressions. "Alors vous tenez à ce que j'aie ma migraine ? Vous savez bien que c'est la même chose chaque fois qu'il joue ça. Je sais ce qui m'attend ! Demain quand je voudrai me lever, bonsoir, plus personne !" S'il ne jouait pas, on causait, et l'un des amis, le plus souvent leur peintre favori d'alors, "lâchait", comme disait M. Verdurin, "une grosse faribole qui faisait s'esclaffer tout le monde", Mme Verdurin surtout, à qui – tant elle avait l'habitude de prendre au propre les expressions figurées des émotions qu'elle éprouvait – le docteur Cottard (un jeune débutant à cette époque) dut un jour remettre sa mâchoire qu'elle avait décrochée pour avoir trop ri. »

Du côté de chez Swann

« "Tiens, vous voilà, mais il y a des éternités qu'on ne vous a pas vu", dit à Swann le général qui, remarquant ses traits tirés et en concluant que c'était peut-être une maladie grave qui l'éloignait du monde, ajouta : "Vous avez bonne mine, vous savez !" pendant que M. de Bréauté demandait : "Comment, vous, mon cher, qu'est-ce que vous pouvez bien faire ici ?" à un romancier mondain qui venait d'installer au coin de son œil un monocle, son seul organe d'investigation psychologique et d'impitoyable analyse, et répondit d'un air important et mystérieux, en roulant l'*r* :
"J'observe." »

Du côté de chez Swann

« "Mais est-ce que nous ne verrons pas M. Swann, ce soir ? Il est bien ce qu'on appelle un ami personnel du…
— Mais j'espère bien que non ! s'écria Mme Verdurin, Dieu nous en préserve, il est assommant, bête et mal élevé." »

Cottard à ces mots manifesta en même temps son étonnement et sa soumission, comme devant une vérité contraire à tout ce qu'il avait cru jusque-là, mais d'une évidence irrésistible; et, baissant d'un air ému et peureux son nez dans son assiette, il se contenta de répondre: "Ah! ah! ah! ah! ah!" en traversant à reculons, dans sa retraite repliée en bon ordre jusqu'au fond de lui-même, le long d'une gamme descendante, tout le registre de sa voix. Et il ne fut plus question de Swann chez les Verdurin. »

Du côté de chez Swann

« Au nom de Mme Trombert, ma mère disait:
— Ah! mais voilà une nouvelle recrue et qui lui en amènera d'autres.
Et comme si elle eût comparé la façon un peu sommaire, rapide et violente dont Mme Swann conquérait ses relations à une guerre coloniale, maman ajoutait:
— Maintenant que les Trombert sont soumis, les tribus voisines ne tarderont pas à se rendre. »

À l'ombre des jeunes filles en fleurs

« Les personnes qui vivaient dans un tel milieu s'imaginaient que l'impossibilité de jamais inviter un "opportuniste", à plus forte raison un affreux "radical", était une chose qui durerait toujours comme les lampes à huile et les omnibus à chevaux. »

À l'ombre des jeunes filles en fleurs

« Le lendemain ma mère rencontra Mme Sazerat dans un salon. Celle-ci ne lui tendit pas la main, et lui sourit d'un air vague et triste comme à une personne avec qui on a joué dans son enfance, mais avec qui on a cessé depuis lors toutes relations parce qu'elle a mené une vie de débauches, épousé un forçat ou, qui pis est, un homme divorcé. Or de tous temps mes parents accordaient et inspiraient à Mme Sazerat l'estime la plus profonde. Mais (ce que ma mère ignorait) Mme Sazerat, seule de son espèce à Combray, était dreyfusarde. »

Le Côté de Guermantes I

« Mme de Guermantes s'était assise. Son nom, comme il était accompagné de son titre, ajoutait à sa personne physique son duché qui se projetait autour d'elle et faisait régner la fraîcheur ombreuse et dorée des bois de Guermantes au milieu du salon, à l'entour du pouf où elle était. [...] D'un air souriant, dédaigneux et vague, tout en faisant la moue avec ses lèvres serrées, de la pointe de son ombrelle comme de l'extrême antenne de sa vie mystérieuse, elle dessinait des ronds sur le tapis, puis, avec cette attention indifférente qui commence par ôter tout point de contact entre ce que l'on considère et soi-même, son regard fixait tour à tour chacun de nous, puis inspectait les canapés et les fauteuils mais en s'adoucissant [...]; ces meubles n'étaient pas comme nous, ils étaient vaguement de son monde, ils étaient liés à la vie de sa tante; puis du meuble de Beauvais ce regard était ramené à la personne qui y était assise et reprenait alors le même air de perspicacité et d'une désapprobation que le respect de Mme de Guermantes pour sa tante l'eût empêchée d'exprimer, mais enfin qu'elle eût éprouvée si elle eût constaté sur les fauteuils au lieu de notre présence celle d'une tache de graisse ou d'une couche de poussière. »

Le Côté de Guermantes I

« Le duc, pour prévenir toute susceptibilité, expliquait à ces veufs malgré eux que la duchesse ne recevait pas de femmes, ne supportait pas la société des femmes, presque comme si c'était par ordonnance du médecin et comme il eût dit qu'elle ne pouvait rester dans une chambre où il y avait des odeurs, manger trop salé, voyager en arrière ou porter un corset. »

Le Côté de Guermantes I

« — Écoutez, Oriane, elle m'avait demandé votre jour ; je ne pouvais pourtant pas lui faire une grossièreté, et puis, voyons, vous exagérez, elle n'a pas l'air d'une vache, ajouta-t-il d'un air plaintif, mais non sans jeter à la dérobée un regard souriant sur l'assemblée.

Il savait que la verve de sa femme avait besoin d'être stimulée par la contradiction, la contradiction du bon sens qui proteste que, par exemple, on ne peut pas prendre une femme pour une vache (c'est ainsi que Mme de Guermantes enchérissant sur une première image était souvent arrivée à produire ses plus jolis mots). Et le duc se présentait naïvement pour l'aider, sans en avoir l'air, à réussir son tour, comme, dans un wagon, le compère inavoué d'un joueur de bonneteau.

— Je reconnais qu'elle n'a pas l'air d'une vache, car elle a l'air de plusieurs, s'écria Mme de Guermantes. Je vous jure que j'étais bien embarrassée voyant ce troupeau de vaches qui entrait en chapeau dans mon salon et qui me demandait comment j'allais. »

Le Côté de Guermantes I

« "En tout cas, si ce Dreyfus est innocent, interrompit la duchesse, il ne le prouve guère. Quelles lettres idiotes, emphatiques, il écrit de son île ! Je ne sais pas si M. Esterhazy vaut mieux que lui, mais il a un autre chic dans la façon de tourner les phrases, une autre couleur. Cela ne doit pas faire plaisir aux partisans de M. Dreyfus. Quel malheur pour eux qu'ils ne puissent pas changer d'innocent." Tout le monde éclata de rire. "Vous avez entendu le mot d'Oriane ?" demanda avidement le duc de Guermantes à Mme de Villeparisis. »

Le Côté de Guermantes I

« Elle voulut donc signaler à Bloch qu'il eût à ne pas revenir et elle trouva tout naturelle-ment dans son répertoire mondain la scène par

— JE RECONNAIS QU'ELLE N'A PAS L'AIR D'UNE VACHE,
CAR ELLE A L'AIR DE PLUSIEURS, S'ÉCRIA MME DE GUERMANTES.
JE VOUS JURE QUE J'ÉTAIS BIEN EMBARRASSÉE VOYANT
CE TROUPEAU DE VACHES QUI ENTRAIT EN CHAPEAU
DANS MON SALON ET QUI ME DEMANDAIT COMMENT J'ALLAIS.

laquelle une grande dame met quelqu'un à la porte de chez elle, scène qui ne comporte nullement le doigt levé et les yeux flambants que l'on se figure. Comme Bloch s'approchait d'elle pour lui dire au revoir, enfoncée dans son grand fauteuil, elle parut à demi tirée d'une vague somnolence. Ses regards noyés n'eurent que la lueur faible et charmante d'une perle. […] La marquise fit le léger mouvement de lèvres d'une mourante qui voudrait ouvrir la bouche, mais dont le regard ne reconnaît plus. Puis elle se tourna, débordante d'une vie retrouvée, vers le marquis d'Argencourt tandis que Bloch s'éloignait, persuadé qu'elle était "ramollie". »

Le Côté de Guermantes I

« Du moins eussé-je pu croire qu'il s'agissait d'un de ces dîners auxquels les maîtres de maison invitent quelqu'un en lui disant : "Venez, il n'y aura *absolument* que nous", feignant d'attribuer au paria la crainte qu'ils éprouvent de le voir mêlé à leurs amis, et cherchant même à transformer en un enviable privilège réservé aux seuls intimes la quarantaine de l'exclu, malgré lui sauvage et favorisé. »

Le Côté de Guermantes II

« Ce n'était pas seulement elle qui eût été contente de montrer son château, mais sa tante Brancas qui n'eût pas été moins ravie de me faire les honneurs du sien, à ce que m'assura cette dame qui pensait évidemment que, surtout dans un temps où la terre tend à passer aux mains de financiers qui ne savent pas vivre, il importe que les grands maintiennent les hautes traditions de l'hospitalité seigneuriale, par des paroles qui n'engagent à rien. »

Le Côté de Guermantes II

« Mais quand le duc, pour me présenter, eut dit mon nom à M. de Bréauté, celui-ci, voyant que ce nom lui était absolument inconnu, ne douta plus dès lors que, me trouvant là, je ne fusse quelque célébrité. […] Il n'était pas encore fixé sur le point de savoir si c'était moi dont on venait d'expérimenter le sérum contre le cancer ou de mettre en répétition le prochain lever de rideau au Théâtre-Français, mais, grand intellectuel, grand amateur de "récits de voyage", il ne cessait pas de multiplier devant moi les révérences, les signes d'intelligence, les sourires filtrés par son monocle […] tout simplement par besoin et difficulté d'exprimer sa satisfaction, dans l'ignorance de la langue qu'il devait me parler, en somme comme s'il se fût trouvé en présence de quelqu'un des "naturels" d'une terre inconnue où aurait atterri son radeau et avec lesquels, par espoir du profit, il tâcherait, tout en observant curieusement leurs coutumes et sans interrompre les démonstrations d'amitié ni de pousser comme eux de grands cris de bienveillance, de troquer des œufs d'autruche et des épices contre des verroteries. »

Le Côté de Guermantes II

« M. de Vaugoubert comme M. de Charlus n'aimait pas dire bonjour le premier. L'un et l'autre préféraient "répondre", craignant toujours les potins que celui auquel ils eussent sans cela tendu la main avait pu entendre sur leur compte depuis qu'ils ne l'avaient vu. Pour moi, M. de Vaugoubert n'eut pas à se poser la question, j'étais en effet allé le saluer le premier, ne fût-ce qu'à cause de la différence d'âge. Il me répondit d'un air émerveillé et ravi, ses deux yeux continuant à s'agiter comme s'il y avait eu de la luzerne défendue à brouter de chaque côté. »

Sodome et Gomorrhe II

« — Vous parlez de grenouilles. Moi, en me trouvant au milieu de personnes si savantes, je me fais l'effet de la grenouille devant l'aréopage (c'était la seconde fable), dit Cancan qui faisait souvent en riant beaucoup, cette plaisanterie grâce à laquelle il croyait à la fois par humilité et avec à-propos, faire profession d'ignorance et étalage de savoir. »

Sodome et Gomorrhe II

« "Pauvre Saniette, je ne veux pas que vous le rendiez malheureux", dit Mme Verdurin sur un ton de fausse pitié et pour ne laisser un doute à personne sur l'intention insolente de son mari. "J'étais à la Ch... — Che, che che, tâchez de parler clairement, dit M. Verdurin, je ne vous entends même pas." Presque aucun des fidèles ne se retenait de s'esclaffer et ils avaient l'air d'une bande d'anthropophages chez qui une blessure faite à un blanc a réveillé le goût du sang. Car l'instinct d'imitation et l'absence de courage gouvernent les sociétés comme les foules. »

Sodome et Gomorrhe II

ILS AVAIENT L'AIR D'UNE BANDE D'ANTHROPOPHAGES
CHEZ QUI UNE BLESSURE FAITE À UN BLANC
A RÉVEILLÉ LE GOÛT DU SANG. CAR L'INSTINCT
D'IMITATION ET L'ABSENCE DE COURAGE
GOUVERNENT LES SOCIÉTÉS COMME LES FOULES.

«Mais d'abord il tint à montrer à M. de Charlus qu'intellectuellement il l'estimait trop pour penser qu'il pût faire attention à ces bagatelles :

— Excusez-moi de vous parler de ces riens, commença-t-il, car je suppose bien le peu de cas que vous en faites. Les esprits bourgeois y font attention, mais les autres, les artistes, les gens qui en sont vraiment, s'en fichent. Or dès les premiers mots que nous avons échangés, j'ai compris que vous en étiez !

M. de Charlus qui donnait à cette locution un sens fort différent, eut un haut-le-corps. Après les œillades du docteur, l'injurieuse franchise du Patron le suffoquait.

— Ne protestez pas, cher monsieur, vous en êtes, c'est clair comme le jour, reprit M. Verdurin. Remarquez que je ne sais pas si vous exercez un art quelconque, mais ce n'est pas nécessaire et ce n'est pas toujours suffisant. […]

— Qu'alliez-vous me dire ?, interrompit M. de Charlus qui commençait à être rassuré sur ce que voulait signifier M. Verdurin, mais qui préférait qu'il criât moins haut ces paroles à double sens.

— Nous vous avons mis seulement à gauche, répondit M. Verdurin.

M. de Charlus, avec un sourire compréhensif, bonhomme et insolent, répondit :

— Mais voyons ! Cela n'a aucune importance, *ici* ! »

Sodome et Gomorrhe II

« Mme Verdurin avait arraché petit à petit, comme l'oiseau fait son nid, les bribes successives, provisoirement inutilisables, de ce qui serait un jour son salon. L'affaire Dreyfus avait passé, Anatole France lui restait. »

La Prisonnière

« Comme je dînais seul chez Mme de Guermantes avec M. de Bréauté, j'avais trouvé à la duchesse l'air soucieux. J'avais cru, comme elle se mêlait volontiers de politique, qu'elle voulait montrer par là sa crainte de la guerre, comme, un jour où elle était venue à table si soucieuse, répondant à peine par monosyllabes, à quelqu'un qui l'interrogeait timidement sur l'objet de son souci elle avait répondu d'un air grave : "La Chine m'inquiète." Or au bout d'un moment, Mme de Guermantes, expliquant elle-même l'air soucieux que j'avais attribué à la crainte d'une déclaration de guerre, avait dit à M. de Bréauté : "On dit que Marie-Aynard veut faire une position aux Swann. Il faut absolument que j'aille demain matin voir Marie-Gilbert pour qu'elle m'aide à empêcher ça. Sans cela il n'y a plus de société. C'est très joli l'affaire Dreyfus. Mais alors l'épicière du coin n'a qu'à se dire nationaliste et à vouloir en échange être reçue chez nous." »

Albertine disparue

« Elle avait seulement soin de faire de temps en temps l'éloge des gens discrets qu'on ne voit jamais que quand on leur fait signe, avertissement moyennant lequel elle adressait aux bons entendeurs du genre Cottard, Bontemps, etc., son plus gracieux et plus hautain salut. »

Albertine disparue

« On disait : "Mais vous oubliez, un tel est mort", comme on eût dit : "Il est décoré", "il est de l'Académie", ou – et cela revenait au même puisque cela empêchait aussi d'assister aux fêtes – "il est allé passer l'hiver dans le Midi", "on lui a ordonné les montagnes". »

Le Temps retrouvé

Le complot des objets

« [Une chambre], petite et si élevée de plafond, creusée en forme de pyramide dans la hauteur de deux étages et partiellement revêtue d'acajou, où dès la première seconde j'avais été intoxiqué moralement par l'odeur inconnue du vétiver, convaincu de l'hostilité des rideaux violets et de l'insolente indifférence de la pendule qui jacassait tout haut comme si je n'eusse pas été là. »
Du côté de chez Swann

« Ce charme singulier dans lequel j'avais pendant si longtemps supposé que baignait la vie des Swann, je ne l'avais pas entièrement chassé de leur maison en y pénétrant ; je l'avais fait reculer, dompté qu'il était par cet étranger, ce paria que j'avais été et à qui Mlle Swann avançait maintenant gracieusement pour qu'il y prît place, un fauteuil délicieux, hostile et scandalisé. »
À l'ombre des jeunes filles en fleurs

DÈS LA PREMIÈRE SECONDE
J'AVAIS ÉTÉ INTOXIQUÉ MORALEMENT
PAR L'ODEUR INCONNUE DU VÉTIVER,
CONVAINCU DE L'HOSTILITÉ DES RIDEAUX VIOLETS
ET DE L'INSOLENTE INDIFFÉRENCE DE LA PENDULE
QUI JACASSAIT TOUT HAUT
COMME SI JE N'EUSSE PAS ÉTÉ LÀ.

« La pendule – alors qu'à la maison je n'entendais la mienne que quelques secondes par semaine, seulement quand je sortais d'une profonde méditation – continua sans s'interrompre un instant à tenir dans une langue inconnue des propos qui devaient être désobligeants pour moi, car les grands rideaux violets l'écoutaient sans répondre mais dans une attitude analogue à celle des gens qui haussent les épaules pour montrer que la vue d'un tiers les irrite. Ils donnaient à cette chambre si haute un caractère quasi historique qui eût pu la rendre appropriée à l'assassinat du duc de Guise, et plus tard à une visite de touristes conduits par un guide de l'agence Cook – mais nullement à mon sommeil. »

À l'ombre des jeunes filles en fleurs

« Et sa voix était comme celle que réalisera, dit-on, le photo-téléphone de l'avenir : dans le son se découpait nettement l'image visuelle. »

À l'ombre des jeunes filles en fleurs

« Le téléphone n'était pas encore à cette époque d'un usage aussi courant qu'aujourd'hui. Et pourtant l'habitude met si peu de temps à dépouiller de leur mystère les forces sacrées avec lesquelles nous sommes en contact que, n'ayant pas eu ma communication immédiatement, la seule pensée que j'eus, ce fut que c'était bien long, bien incommode, et presque l'intention d'adresser une plainte : comme nous tous maintenant, je ne trouvais pas assez rapide à mon gré, dans ses brusques changements, l'admirable féerie à laquelle quelques instants suffisent pour qu'apparaisse près de nous, invisible mais présent, l'être à qui nous voulions parler. »

Le Côté de Guermantes I

« "Mais est-ce que la princesse n'est pas dans le train ?" demanda d'une voix vibrante Brichot dont les lunettes énormes, resplendissantes comme ces réflecteurs que les laryngologues s'attachent au front pour éclairer la gorge de leurs malades, semblaient avoir emprunté leur vie aux yeux du professeur, et peut-être à cause de l'effort qu'il faisait pour accommoder sa vision avec elles, semblaient, même dans les moments les plus insignifiants, regarder elles-mêmes avec une attention soutenue et une fixité extraordinaire. »

Sodome et Gomorrhe II

COMMENT AUCUN DE NOS MODERNES BOUCHER OU FRAGONARD,
NE PEIGNIT, AU LIEU DE *LA LETTRE*, DU *CLAVECIN*, ETC.,
CETTE SCÈNE QUI POURRAIT S'APPELER : *DEVANT LE TÉLÉPHONE*,
ET OÙ NAÎTRAIT SPONTANÉMENT SUR LES LÈVRES DE L'ÉCOUTEUSE
UN SOURIRE D'AUTANT PLUS VRAI QU'IL SAIT N'ÊTRE PAS VU.

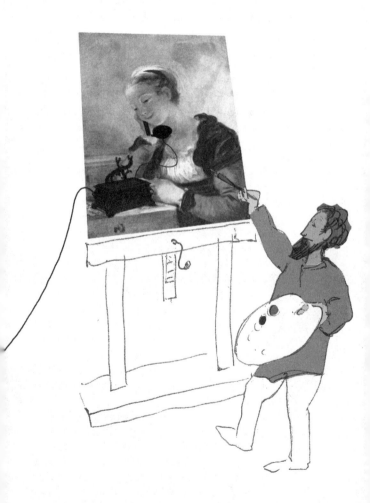

« Je me demandais comment, puisque tant de peintres cherchent à renouveler les portraits féminins du XVIIIᵉ siècle où l'ingénieuse mise en scène est un prétexte aux expressions de l'attente, de la bouderie, de l'intérêt, de la rêverie, comment aucun de nos modernes Boucher ou Fragonard, ne peignit, au lieu de *La Lettre*, du *Clavecin*, etc., cette scène qui pourrait s'appeler : *Devant le téléphone*, et où naîtrait spontanément sur les lèvres de l'écouteuse un sourire d'autant plus vrai qu'il sait n'être pas vu. »

La Prisonnière

Écrire, disent-ils

« J'avais entendu parler de Bergotte pour la première fois par un de mes camarades plus âgés que moi et pour qui j'avais une grande admiration, Bloch. En m'entendant lui avouer mon admiration pour la *Nuit d'octobre* il avait fait éclater un rire bruyant comme une trompette et m'avait dit : "Défie-toi de ta dilection assez basse pour le sieur de Musset. C'est un coco des plus malfaisants et une assez sinistre brute. Je dois confesser, d'ailleurs, que lui et même le nommé Racine, ont fait chacun dans leur vie un vers assez bien rythmé, et qui a pour lui, ce qui est selon moi le mérite suprême, de ne signifier absolument rien. [...] Lis donc ces proses lyriques, et si le gigantesque assembleur de rythmes qui a écrit *Bhagavat* et *Le Lévrier de Magnus* a dit vrai, par Apollon, tu goûteras, cher maître, les joies nectaréennes de l'Olympos." C'est sur un ton sarcastique qu'il m'avait demandé de l'appeler "cher maître" et qu'il m'appelait lui-même ainsi. Mais en réalité

COMME SI J'AVAIS ÉTÉ MOI—MÊME UNE POULE
ET SI JE VENAIS DE PONDRE UN ŒUF,
JE ME MIS À CHANTER À TUE—TÊTE.

nous prenions un certain plaisir à ce jeu, étant encore rapprochés de l'âge où on croit qu'on crée ce qu'on nomme.»

Du côté de chez Swann

«Et enfin il avait mécontenté tout le monde parce que, étant venu déjeuner une heure et demie en retard et couvert de boue, au lieu de s'excuser, il avait dit :
— Je ne me laisse jamais influencer par les perturbations de l'atmosphère ni par les divisions conventionnelles du temps. Je réhabiliterais volontiers l'usage de la pipe d'opium et du kriss malais, mais j'ignore celui de ces instruments infiniment plus pernicieux et d'ailleurs platement bourgeois, la montre et le parapluie.»

Du côté de chez Swann

«Je ne repensai jamais à cette page, mais à ce moment-là, quand, au coin du siège où le cocher du docteur plaçait habituellement dans un panier les volailles qu'il avait achetées au marché de Martinville, j'eus fini de l'écrire, je me trouvais si heureux, je sentais qu'elle m'avait si parfaitement débarrassé de ces clochers et de ce qu'ils cachaient derrière eux, que, comme si j'avais été moi-même une poule et si je venais de pondre un œuf, je me mis à chanter à tue-tête.»

Du côté de chez Swann

« Mais les termes mêmes dont il se servait me montraient la Littérature comme trop différente de l'image que je m'en étais faite à Combray, et je compris que j'avais eu doublement raison de renoncer à elle. Jusqu'ici je m'étais seulement rendu compte que je n'avais pas le don d'écrire ; maintenant M. de Norpois m'en ôtait même le désir. »

À l'ombre des jeunes filles en fleurs

« M. Bloch n'était pas le seul qui eût des succès chez lui. Mon camarade en avait davantage encore auprès de ses sœurs qu'il ne cessait d'interpeller sur un ton bougon, en enfonçant sa tête dans son assiette ; il les faisait ainsi rire aux larmes. Elles avaient d'ailleurs adopté la langue de leur frère qu'elles parlaient couramment, comme si elle eût été obligatoire et la seule dont pussent user des personnes intelligentes. Quand nous arrivâmes, l'aînée dit à une de ses cadettes : "Va prévenir notre père prudent et notre mère vénérable. — Chiennes, leur dit Bloch, je vous présente le cavalier Saint-Loup, aux javelots rapides, qui est venu pour quelques jours de Doncières aux demeures de pierre polie, féconde en chevaux." Comme il était aussi vulgaire que lettré, le discours se terminait d'habitude par quelque plaisanterie moins homérique : "Voyons, fermez un peu plus vos peplos aux belles agrafes, qu'est-ce que c'est que ce chichi-là ? Après tout c'est pas mon père !" »

À l'ombre des jeunes filles en fleurs

« Dieu qui veut qu'il y ait quelques livres bien écrits souffle pour cela ces dédains dans le cœur des Mme Leroi, car il sait que *si elles invitaient à dîner les Mme de Villeparisis, celles-ci laisseraient immédiatement leur écritoire et feraient atteler pour huit heures.* »

Le Côté de Guermantes I

« J'ouvris *Le Figaro*. Quel ennui ! Justement le premier article avait le même titre que celui que j'avais envoyé et qui n'avait pas paru. Mais pas seulement le même titre, voici quelques mots absolument pareils. Cela, c'était trop fort. J'enverrais une protestation. [...] Mais ce n'était pas quelques mots, c'était tout, c'était ma signature... C'est mon article qui avait enfin paru !

[…] À peine eus-je fini cette lecture réconfor-
tante, que moi, qui n'avais pas eu le courage de
relire mon manuscrit, je souhaitai de la recom-
mencer immédiatement, car il n'y a rien comme
un vieil article de soi dont on puisse dire que
"quand on l'a lu on peut le relire". Je me promis d'en faire acheter d'autres exemplaires par
Françoise, pour donner à des amis, lui dirais-je,
en réalité pour toucher du doigt le miracle de
la multiplication de ma pensée, et lire, comme
si j'étais un autre monsieur qui vient d'ouvrir
Le Figaro, dans un autre numéro, les mêmes
phrases. »

Albertine disparue

« Je sentais que je n'aurais pas à m'embarrasser
des diverses théories littéraires qui m'avaient
un moment troublé – notamment celles que la
critique avait développées au moment de l'affaire Dreyfus et avait reprise pendant la guerre,
et qui tendaient à "faire sortir l'artiste de sa tour
d'ivoire", et à traiter des sujets non frivoles ni
sentimentaux, mais peignant de grands mouve-
ments ouvriers, et, à défaut de foules, à tout le
moins non plus d'insignifiants oisifs ("j'avoue
que la peinture de ces inutiles m'indiffère
assez", disait Bloch), mais de nobles intellec-

tuels, ou des héros. […] Ces théories me paraissaient dénoter chez ceux qui les soutenaient une preuve d'infériorité, comme un enfant vraiment bien élevé qui entend des gens chez qui on l'a envoyé déjeuner dire : "Nous avouons tout, nous sommes francs", sent que cela dénote une qualité morale inférieure à la bonne action pure et simple, qui ne dit rien. »

Le Temps retrouvé

« Une œuvre où il y a des théories est comme un objet sur lequel on laisse la marque du prix. »

Le Temps retrouvé

« Aussi combien s'en tiennent là qui n'extraient rien de leur impression, vieillissent inutiles et insatisfaits, comme des célibataires de l'art ! Ils ont les chagrins qu'ont les vierges et les paresseux, et que la fécondité ou le travail guérirait. Ils sont plus exaltés à propos des œuvres d'art que les véritables artistes, car leur exaltation n'étant pas pour eux l'objet d'un dur labeur d'approfondissement, elle se répand au dehors, échauffe leurs conversations, empourpre leur visage. »

Le Temps retrouvé

« Cette constante aberration de la critique est telle qu'un écrivain devrait presque préférer être jugé par le grand public (si celui-ci n'était incapable de se rendre compte même de ce qu'un artiste a tenté dans un ordre de recherches qui lui est inconnu). »

Le Temps retrouvé

« Les femmes n'y sont pas admises, mais les maris en rentrant disent à la leur : "J'ai fait un dîner intéressant. Il y avait un M. de La Raspelière qui nous a tenus sous le charme en nous expliquant que cette Mme de Saint-Loup qui a cette jolie fille n'est pas du tout née Forcheville. C'est tout un roman." »

Le Temps retrouvé

« Françoise me dirait, en me montrant mes cahiers rongés comme le bois où l'insecte s'est mis : "C'est tout mité, regardez, c'est malheureux, voilà un bout de page qui n'est plus qu'une dentelle" et l'examinant comme un tailleur : "Je ne crois pas que je pourrai le refaire, c'est perdu. C'est dommage, c'est peut-être vos plus belles idées. Comme on dit à Combray, il n'y a pas de fourreurs qui s'y connaissent aussi bien comme les mites. Ils se mettent toujours dans les meilleures étoffes." »

Le Temps retrouvé

Des vices et des fausses vertus

« Il est vrai que dans ce Palace même, il y avait des gens qui ne payaient pas très cher tout en étant estimés du directeur, à condition que celui-ci fût certain qu'ils regardaient à dépenser non pas par pauvreté mais par avarice. Elle ne saurait en effet rien ôter au prestige, puisqu'elle est un vice et peut par conséquent se rencontrer dans toutes les situations sociales. »

À l'ombre des jeunes filles en fleurs

« L'oncle de Saint-Loup ne m'honora non seulement pas d'une parole mais même d'un regard. S'il dévisageait les inconnus (et pendant cette courte promenade il lança deux ou trois fois son terrible et profond regard en coup de sonde sur des gens insignifiants et de la plus modeste extraction qui passaient), en revanche il ne regardait à aucun moment, si j'en jugeais par moi, les personnes qu'il connaissait, — comme un policier en mission secrète mais qui tient ses amis en dehors de sa surveillance professionnelle. »

À l'ombre des jeunes filles en fleurs

« La richesse était pour elle comme une condition nécessaire de la vertu, à défaut de laquelle la vertu serait sans mérite et sans charme. Elle les séparait si peu qu'elle avait fini par prêter à chacune les qualités de l'autre, à exiger quelque chose de confortable dans la vertu, à reconnaître quelque chose d'édifiant dans la richesse. »

Le Côté de Guermantes I

« Il y avait à Paris deux honnêtes gens que Saint-Loup ne saluait plus, et dont il ne parlait jamais sans que sa voix tremblât, les appelant exploiteurs de femmes : c'est qu'ils avaient été ruinés par Rachel. »

Le Côté de Guermantes I

« J'aurais pu ouvrir le vasistas et entendre comme si j'avais été chez Jupien même. Mais je craignais de faire du bruit. Du reste c'était inutile [...], je suppose que peu de paroles furent prononcées. Il est vrai que ces sons étaient si violents que, s'ils n'avaient pas été toujours repris un octave plus haut par une plainte parallèle, j'aurais pu croire qu'une personne en égorgeait une autre à côté de moi et qu'ensuite le meurtrier et sa victime ressuscitée prenaient un bain pour effacer les traces du crime. »

Sodome et Gomorrhe I

« À ce bonsoir, M. de Vaugoubert, outre les mille façons qu'il croyait celles du monde et de la diplomatie, donnait un air cavalier, fringant, souriant, pour sembler d'une part ravi de l'existence – alors qu'il remâchait intérieurement les déboires d'une carrière sans avancement et menacée d'une mise à la retraite – d'autre part jeune, viril et charmant, alors qu'il voyait et n'osait même plus aller regarder dans sa glace les rides se figer aux entours d'un visage qu'il eût voulu garder plein de séductions. Ce n'est pas qu'il eût souhaité des conquêtes effectives dont la seule pensée lui faisait peur à cause du qu'en-dira-t-on, des éclats, des chantages. Ayant passé d'une débauche presque infantile à la continence absolue datant du jour où il avait pensé au quai d'Orsay et voulu faire une grande carrière, il avait l'air d'une bête en cage, jetant dans tous les sens des regards qui exprimaient la peur, l'appétence et la stupidité. »

Sodome et Gomorrhe II

« La conversation s'engagea, et le naïf mari de la jeune femme qui la cherchait partout fut étonné de la trouver faisant des projets pour le soir même avec une jeune fille qu'il ne connaissait pas. Sa femme lui présenta comme une amie d'enfance la cousine de Bloch, sous un nom inintelligible, car elle avait oublié de lui demander comment elle s'appelait. Mais la présence du mari fit faire un pas de plus à leur intimité, car elles se tutoyèrent, s'étant connues au couvent, incident dont elles rirent fort plus tard, ainsi que du mari berné, avec une gaieté qui fut une occasion de nouvelles tendresses. »
Sodome et Gomorrhe II

« M. de Charlus n'alla pas aussi loin, mais il prit l'air offensé et glacial qu'ont, lorsqu'on a l'air de les croire légères, les femmes qui ne le sont pas, et encore plus celles qui le sont. »
Sodome et Gomorrhe II

« La tristesse qui suivit la mort de sa femme, grâce à l'habitude de mentir, n'excluait pas chez M. de Charlus une vie qui n'y était pas conforme. Plus tard même, il eut l'ignominie de laisser entendre que pendant la cérémonie funèbre, il avait trouvé le moyen de demander son nom et son adresse à l'enfant de chœur. Et c'était peut-être vrai. »

Sodome et Gomorrhe II

« Je finis par douter si je n'avais pas été le jouet d'un mirage acoustique quand j'avais cru entendre ce que M. de Charlus avait dit. "Il habite Balbec ?" chantonna le baron, d'un air si peu questionneur qu'il est fâcheux que la langue française ne possède pas un signe autre que le point d'interrogation pour terminer ces phrases apparemment si peu interrogatives. Il est vrai que ce signe ne servirait guère que pour M. de Charlus. »

Sodome et Gomorrhe II

« Mais les secrets sont bien gardés par les êtres, car tous ceux qui les approchent sont sourds et aveugles. […] Nous croirons difficilement aux vices, comme nous ne croirons jamais au génie d'une personne avec qui nous sommes encore allés la veille à l'Opéra. »

La Prisonnière

« On risquait encore, quand il n'entendait pas, une mauvaise plaisanterie : "Oh ! chuchotait le sculpteur en voyant un jeune employé aux longs cils de bayadère et que M. de Charlus n'avait pu s'empêcher de dévisager, *si le baron se met à faire de l'œil au contrôleur, nous ne sommes pas près d'arriver, le train va aller à reculons. Regardez-moi la manière dont il le regarde, ce n'est plus un petit chemin de fer où nous sommes, c'est un funiculeur."* »

Sodome et Gomorrhe II

« Or, quel étonnement aurait eu M. de Charlus si, un jour que Morel et lui étaient en retard et n'étaient pas venus par le chemin de fer, il avait entendu la Patronne dire : "Nous n'attendons plus que ces demoiselles"! Le baron eût été d'autant plus stupéfait que […] Mme Verdurin leur donnait alors deux chambres communicantes et pour les mettre à l'aise disait : "Si vous avez envie de faire de la musique, ne vous gênez pas, les murs sont comme ceux d'une forteresse, vous n'avez personne à votre étage, et mon mari a un sommeil de plomb." »

Sodome et Gomorrhe II

« Ainsi M. de Charlus vivait dupé comme le poisson qui croit que l'eau où il nage s'étend au-delà du verre de son aquarium qui lui en présente le reflet, tandis qu'il ne voit pas à côté de lui, dans l'ombre, le promeneur amusé qui suit ses ébats ou le pisciculteur tout-puissant qui, au moment imprévu et fatal, différé en ce moment à l'égard du baron (pour qui le pisciculteur, à Paris, sera Mme Verdurin), le tirera sans pitié du milieu où il aimait vivre pour le rejeter dans un autre. »

Sodome et Gomorrhe II

« Mais Cottard qui n'avait jamais laissé voir au baron qu'il eût même entendu courir de vagues mauvais bruits sur ses mœurs, et ne l'en considérait pas moins dans son for intérieur, comme faisant partie de la classe des "anormaux" (même, avec son habituelle impropriété de termes et sur le ton le plus sérieux, il disait d'un valet de chambre de M. Verdurin : "Est-ce que ce n'est pas la maîtresse du baron ?"), personnages dont il avait peu l'expérience, se figura que cette caresse de la main était le prélude immédiat d'un viol pour l'accomplissement duquel il avait été, le duel n'ayant servi que de prétexte, attiré dans un guet-apens et conduit par le baron dans ce salon solitaire où il allait être pris de force. N'osant quitter sa chaise où la

peur le tenait cloué, il roulait des yeux d'épou-
vante, comme tombé aux mains d'un sauvage
dont il n'était pas bien assuré qu'il ne se nourrit
pas de chair humaine. »

Sodome et Gomorrhe II

« Depuis que Brichot avait commencé à parler des réputations masculines, M. de Charlus
avait trahi dans tout son visage le genre particulier d'impatience qu'on voit à un expert
médical ou militaire quand des gens du monde
qui n'y connaissent rien se mettent à dire des
bêtises sur des points de thérapeutique ou de
stratégie. »

La Prisonnière

« Si à Balbec, quand on parlait de jeunes filles
qui avaient mauvais genre, elle avait eu souvent des rires, des éploiements de corps, des
imitations de leur genre, qui me torturaient à
cause de ce que je supposais que cela signifiait
pour ses amies, depuis qu'elle savait mon opinion là-dessus, dès qu'on faisait allusion à ce
genre de choses, elle cessait de prendre part à
la conversation, non seulement avec la parole,
mais avec l'expression du visage. […] Chacun
de ses traits n'était plus en rapport qu'avec un

autre de ses traits. Son nez, sa bouche, ses yeux formaient une harmonie parfaite, isolée du reste, elle avait l'air d'un pastel et de ne pas plus avoir entendu ce qu'on venait de dire que si on l'avait dit devant un portrait de La Tour.»

La Prisonnière

«[…] mais tout dévoué à vos ordres et voulant faire n'importe quoi pour vous faire plaisir, j'ai emmené coucher avec moi la petite blanchisseuse. Elle m'a demandé si je voulais qu'elle me fît ce qu'elle faisait à Mlle Albertine quand celle-ci ôtait son costume de bain. Et elle m'a dit : "Si vous aviez vu comme elle frétillait, cette demoiselle, elle me disait : 'Ah! Tu me mets aux anges' et elle était si énervée qu'elle ne pouvait s'empêcher de me mordre." J'ai vu encore la trace sur le bras de la petite blanchisseuse. Et je comprends le plaisir de Mlle Albertine car cette petite-là était vraiment très habile."»

Albertine disparue

«Pourtant, un instant encore, en me disant adieu il me serra la main à me la broyer, ce qui est une particularité allemande chez les gens qui sentent comme le baron, et en continuant pendant quelques instants à me la malaxer, eût dit Cottard, comme si M. de Charlus avait voulu rendre à mes articulations une souplesse qu'elles n'avaient point perdue. Chez certains aveugles le toucher supplée dans une certaine mesure à la vue. Je ne sais trop de quel sens il prenait la place ici.»

Le Temps retrouvé

«La porte se rouvrit sur le chauffeur qui était allé un instant prendre l'air. "Comment, c'est déjà fini? ça n'a pas été long", dit-il en apercevant Maurice qu'il croyait en train de frapper celui qu'on avait surnommé, par allusion à un journal qui paraissait à cette époque: *L'Homme enchaîné*. "Ce n'est pas long pour toi qui es allé prendre l'air", répondit Maurice froissé qu'on vît qu'il avait déplu là-haut.»

Le Temps retrouvé

«Jupien les avait recommandés à la bienveillance du baron en lui jurant que c'étaient tous des "barbeaux" de Belleville et qu'ils marcheraient avec leur propre sœur pour un louis. [...] Un sadique a beau se croire avec un assassin, son âme pure, à lui sadique, n'est pas changée pour cela, et il reste stupéfait devant le mensonge de ces gens, pas assassins du tout, mais qui désirent gagner facilement une "thune", et dont le père ou la mère ou la sœur ressuscitent et remeurent tour à tour, parce qu'ils se coupent dans la conversation qu'ils ont avec le client à qui ils cherchent à plaire. Le client est stupéfié dans sa naïveté, car dans son arbitraire conception du gigolo, ravi des nombreux assassinats dont il le croit coupable, il s'effare d'une contradiction et d'un mensonge qu'il surprend dans ses paroles. »

Le Temps retrouvé

« Rien n'est plus limité que le plaisir et le vice. On peut vraiment, dans ce sens-là, en changeant le sens de l'expression, dire qu'on tourne toujours dans le même cercle vicieux. »

Le Temps retrouvé

Modes et fuites du temps

« Et quant à son corps qui était admirablement fait, il était difficile d'en apercevoir la continuité (à cause des modes de l'époque et quoiqu'elle fût une des femmes de Paris qui s'habillaient le mieux), tant le corsage, s'avançant en saillie comme sur un ventre imaginaire et finissant brusquement en pointe pendant que par en dessous commençait à s'enfler le ballon des doubles jupes, donnait à la femme l'air d'être composée de pièces différentes mal emmanchées les unes dans les autres. »

Du côté de chez Swann

« Mais comment des gens qui contemplent ces horribles créatures sous leurs chapeaux couverts d'une volière ou d'un potager, pourraient-ils même sentir ce qu'il y avait de charmant à voir Mme Swann coiffée d'une simple capote mauve ou d'un petit chapeau que dépassait une seule fleur d'iris toute droite ? »

Du côté de chez Swann

« J'aurais ainsi obtenu un effet de démodé, à aussi bon compte et de la même façon que cet acteur du Palais-Royal à qui on demandait où il pouvait trouver ses surprenants chapeaux et qui répondait : "Je ne trouve pas mes chapeaux, je les garde." »

À l'ombre des jeunes filles en fleurs

De l'art, de l'artiste et des critiques

« Swann empressé avec ces nouvelles relations et les citant avec fierté, était comme ces
grands artistes modestes ou généreux qui, s'ils
se mettent à la fin de leur vie à se mêler de cuisine ou de jardinage, étalent une satisfaction
naïve des louanges qu'on donne à leurs plats
ou à leurs plates-bandes pour lesquels ils n'ad-
mettent pas la critique qu'ils acceptent aisément
s'il s'agit de leurs chefs-d'œuvre. »

À l'ombre des jeunes filles en fleurs

« Je me sentais consterné, réduit ; et mon
esprit comme un fluide qui n'a de dimensions
que celles du vase qu'on lui fournit, de même
qu'il s'était dilaté jadis à remplir les capaci-
tés immenses du génie, contracté maintenant,
tenait tout entier dans la médiocrité étroite
où M. de Norpois l'avait soudain enfermé et
restreint. »

À l'ombre des jeunes filles en fleurs

« Ainsi ses idées semblaient le plus souvent confuses, chacun appelant idées claires celles qui sont au même degré de confusion que les siennes propres. »

À l'ombre des jeunes filles en fleurs

« C'est aux idées qui ne sont pas, à proprement parler, des idées, aux idées qui, ne tenant à rien, ne trouvent aucun point d'appui, aucun rameau fraternel dans l'esprit de l'adversaire, que celui-ci, aux prises avec le pur vide, ne trouve rien à répondre. Les arguments de M. de Norpois (en matière d'art) étaient sans réplique parce qu'ils étaient sans réalité. »

À l'ombre des jeunes filles en fleurs

« Elle avait de tous ces grands hommes des autographes, et semblait, se prévalant des relations particulières que sa famille avait eues avec eux, penser que son jugement à leur égard était plus juste que celui de jeunes gens qui comme moi n'avaient pas pu les fréquenter.
"Je crois que je peux en parler, car ils venaient chez mon père ; et, comme disait M. Sainte-Beuve qui avait bien de l'esprit, il faut croire sur eux ceux qui les ont vus de près et ont pu juger plus exactement de ce qu'ils valaient. »

À l'ombre des jeunes filles en fleurs

« — Mais Zola n'est pas un réaliste, Madame ! c'est un poète !, dit Mme de Guermantes s'inspirant des études critiques qu'elle avait lues dans ces dernières années et les adaptant à son génie personnel. Agréablement bousculée jusqu'ici, au cours du bain d'esprit, un bain agité pour elle, qu'elle prenait ce soir, et qu'elle jugeait devoir lui être particulièrement salutaire, se laissant porter par les paradoxes qui déferlaient l'un après l'autre, devant celui-ci, plus énorme que les autres, la princesse de Parme sauta par peur d'être renversée. Et ce fut d'une voix entrecoupée, comme si elle perdait sa respiration, qu'elle dit :

— Zola, un poète !

— Mais oui, répondit en riant la duchesse, ravie par cet effet de suffocation. Que Votre Altesse remarque comme il grandit tout ce qu'il touche. Vous me direz qu'il ne touche justement qu'à ce qui... porte bonheur ! Mais il en fait quelque chose d'immense ; il a le fumier épique ! C'est l'Homère de la vidange ! Il n'a pas assez de majuscules pour écrire le mot de Cambronne.

Malgré l'extrême fatigue qu'elle commençait à

173

éprouver, la princesse était ravie, jamais elle ne s'était sentie mieux. »

Le Côté de Guermantes II

« — Le peintre s'est froissé, dit-elle à M. de Charlus, et l'a repris. On avait dit qu'il était maintenant chez Diane de Saint-Euverte.
— Je ne croirai jamais, répliqua le baron, qu'un chef-d'œuvre ait si mauvais goût. »

Sodome et Gomorrhe II

« Et, comme il avait goûté, ou vu goûter, autrefois certaines "audaces" d'Elstir, il ajouta :
— Elstir était doué, il a même fait presque partie de l'avant-garde, mais je ne sais pas pourquoi il a cessé de suivre, il a gâché sa vie. »

Sodome et Gomorrhe II

« L'écrivain ne doit pas s'offenser que l'inverti donne à ses héroïnes un visage masculin. Cette particularité un peu aberrante permet seule à l'inverti de donner ensuite à ce qu'il lit toute sa généralité. […] L'écrivain ne dit que par une habitude prise dans le langage insincère des préfaces et des dédicaces : "mon lecteur". En réalité, chaque lecteur est quand il lit le propre lecteur de soi-même. L'ouvrage de l'écrivain n'est qu'une espèce d'instrument d'optique qu'il offre au lecteur afin de lui permettre de discerner ce que sans ce livre il n'eût peut-être pas vu en soi-même. »

La Temps retrouvé

« — Vous êtes gentil de vous rappeler cela, me dit-elle d'un air tendre, car les femmes appellent gentillesse se souvenir de leur beauté comme les artistes admirer leurs œuvres. »

Le Temps retrouvé

« Françoise au contraire devinait mon bonheur et respectait mon travail. Elle se fâchait seulement que je racontasse d'avance mon article à Bloch, craignant qu'il me devançât, et disant :
— Tous ces gens-là, vous n'avez pas assez de méfiance, c'est des copiateurs.
Et Bloch se donnait en effet un alibi rétrospectif en me disant, chaque fois que je lui avais esquissé quelque chose qu'il trouvait bien :
— Tiens, c'est curieux, j'ai fait quelque chose de presque pareil, il faudra que je te lise cela." (Il n'aurait pas pu me le lire encore, mais allait l'écrire le soir même.) »

Le Temps retrouvé

Quiproquos et calembredaines

« Pendant qu'il disait ces mots, M. de Norpois était, pour quelques secondes encore, dans la situation de toutes les personnes qui, m'entendant parler de Swann comme d'un homme intelligent, de ses parents comme d'agents de change honorables, de sa maison comme d'une belle maison, croyaient que je parlerais aussi volontiers d'un autre homme aussi intelligent, d'autres agents de change aussi honorables, d'une autre maison aussi belle ; c'est le moment où un homme sain d'esprit qui cause avec un fou ne s'est pas encore aperçu que c'est un fou. »

À l'ombre des jeunes filles en fleurs

« — Mais parmi les nombreuses maîtresses que vous me disiez qu'avait eues votre oncle, M. de Charlus, est-ce qu'il n'y avait pas Mme Swann ? — Oh ! pas du tout ! C'est-à-dire qu'il est un grand ami de Swann et l'a toujours beaucoup soutenu. Mais on n'a jamais dit qu'il fût l'amant de sa femme. Vous causeriez beaucoup d'étonnement dans le monde, si vous aviez l'air de croire cela.

Je n'osai lui répondre qu'on en aurait éprouvé bien plus à Combray, si j'avais eu l'air de ne pas le croire. »

À l'ombre des jeunes filles en fleurs

« "En avons-nous pour longtemps ?" dis-je à Saint-Loup. "Non, je crois à une guerre très courte", me répondit-il. Mais ici, comme toujours, ses arguments étaient livresques. "Tout en tenant compte des prophéties de Moltke, relis", me dit-il, comme si je l'avais déjà lu, "le décret du 28 octobre 1913 sur la conduite des grandes unités, tu verras que le remplacement des réserves du temps de paix n'est pas organisé, ni même prévu, ce qu'on n'eût pas manqué de faire si la guerre devait être longue." »

Le Temps retrouvé

« Et le lecteur comprend que ce ton sec, c'est le chagrin chez des êtres qui ne veulent pas avoir l'air d'avoir du chagrin, ce qui serait simplement ridicule, mais ce qui est aussi assez désespérant et hideux, parce que c'est la manière d'avoir du chagrin d'êtres qui croient que le chagrin ne compte pas, que la vie est plus sérieuse que les séparations, etc., de sorte qu'ils donnent dans les morts cette impression de mensonge, de néant, que donne au Jour de l'An le monsieur qui, en vous apportant des marrons glacés, dit : "Je vous la souhaite bonne et heureuse" en ricanant, mais le dit tout de même.»

Le Temps retrouvé

En voyage

« Si en voyage il rencontrait une famille qu'il eût été plus élégant de ne pas chercher à connaître, mais dans laquelle une femme se présentait à ses yeux parée d'un charme qu'il n'avait pas encore connu, rester dans son "quant à soi" et tromper le désir qu'elle avait fait naître [...] en écrivant à une ancienne maîtresse de venir le rejoindre, lui eût semblé une aussi lâche abdication devant la vie, un aussi stupide renoncement à un bonheur nouveau que si au lieu de visiter le pays, il s'était confiné dans sa chambre en regardant des vues de Paris. »

Du côté de chez Swann

« Les levers de soleil sont un accompagnement des longs voyages en chemin de fer, comme les œufs durs, les journaux illustrés, les jeux de cartes, les rivières où des barques s'évertuent sans avancer. »

À l'ombre des jeunes filles en fleurs

«La mort des autres est comme un voyage que l'on ferait soi-même et où on se rappelle, déjà à cent kilomètres de Paris, qu'on a oublié deux douzaines de mouchoirs, de laisser une clef à la cuisinière, de dire adieu à son oncle, de demander le nom de la ville où est la fontaine ancienne qu'on désire voir. Cependant que tous ces oublis qui vous assaillent et qu'on dit à haute voix, par pure forme, à l'ami qui voyage avec vous, ont pour seule réplique la fin de non-recevoir de la banquette, le nom de la station crié par l'employé et qui ne fait que nous éloigner davantage des réalisations désormais impossibles, si bien que renonçant à penser aux choses irrémédiablement omises, on défait le paquet de victuailles et on échange les journaux et les magazines.»

La Prisonnière

Au bal masqué du temps

«Au premier moment je ne compris pas pourquoi j'hésitais à reconnaître le maître de maison, les invités, et pourquoi chacun semblait s'être "fait une tête", généralement poudrée et qui les changeait complètement. Le prince avait encore en recevant cet air bonhomme d'un roi de féerie que je lui avais trouvé la première fois, mais cette fois, semblant s'être soumis lui-même à l'étiquette qu'il avait imposée à ses invités, il s'était affublé d'une barbe blanche et, traînant à ses pieds qu'elles alourdissaient comme des semelles de plomb, semblait avoir assumé de figurer un des "âges de la vie". Ses moustaches étaient blanches aussi, comme s'il était resté après elles le gel de la forêt du Petit Poucet. Elles semblaient incommoder la bouche raidie et, l'effet une fois produit, il aurait dû les enlever. [...] Je fus bien plus étonné au même moment en entendant appeler duc de Châtellerault un petit vieillard aux moustaches argentées d'ambassadeur, dans lequel seul un petit bout de regard resté le même me permit de reconnaître le jeune homme que j'avais rencontré une fois en visite chez Mme de Villeparisis […], et m'avisais enfin, ce à quoi je n'avais pas songé en entrant dans ce salon, que toute fête, si simple soit-elle, quand elle a lieu longtemps après qu'on a cessé d'aller dans le monde et pour peu qu'elle réunisse quelques-unes des mêmes personnes qu'on a connues autrefois, vous fait l'effet d'une fête travestie, de la plus réussie de toutes, de celle où l'on est le plus sincèrement "intrigué" par les autres, mais où ces têtes, qu'ils se sont faites depuis longtemps sans le vouloir, ne se laissent pas défaire par un débarbouillage, une fois la fête finie. »

Le Temps retrouvé

« Et je pus me voir, comme dans la première glace véridique que j'eusse rencontrée, dans les yeux de vieillards restés jeunes, à leur avis, comme je le croyais moi-même de moi, et qui, quand je me citais à eux, pour entendre un démenti, comme exemple de vieux, n'avaient pas dans leur regard qui me voyait tel qu'ils ne se voyaient pas eux-mêmes et tel que je les voyais, une seule protestation. »

Le Temps retrouvé

« Je vis quelqu'un qui demandait mon nom, on me dit que c'était M. de Cambremer. Et alors pour me montrer qu'il m'avait reconnu : "Est-ce que vous avez toujours vos étouffements?" me demanda-t-il ; et, sur ma réponse affirmative : "Vous voyez que ça n'empêche pas la longévité", me dit-il, comme si j'étais décidément centenaire. »

Le Temps retrouvé

« En quelques instants s'était fait en moi ce travail plus lent qui se fait chez ceux qui, ayant eu peine à comprendre qu'une personne qu'ils ont connue jeune ait soixante ans, en ont plus encore quinze ans après à apprendre qu'elle vit encore et n'a pas plus de soixante-quinze ans. »

Le Temps retrouvé

« Je demandai à M. de Cambremer comment allait sa mère. "Elle est toujours admirable", me dit-il, usant d'un adjectif qui, par opposition aux tribus où on traite sans pitié les parents âgés, s'applique dans certaines familles aux vieillards chez qui l'usage des facultés les plus matérielles, comme d'entendre, d'aller à pied à la messe, et de supporter avec insensibilité les deuils, s'empreint, aux yeux de leurs enfants, d'une extraordinaire beauté morale. »

Le Temps retrouvé

« Certains hommes boitaient dont on sentait bien que ce n'était pas par suite d'un accident de voiture, mais à cause d'une première attaque et parce qu'ils avaient déjà, comme on dit, un pied dans la tombe. Dans l'entrebâillement de la leur, à demi paralysées, certaines femmes semblaient ne pas pouvoir retirer complètement leur robe restée accrochée à la pierre du caveau, et elles ne pouvaient se redresser, infléchies qu'elles étaient, la tête basse, en une courbe qui était comme celle qu'elles occupaient actuellement entre la vie et la mort, avant la chute dernière. »

Le Temps retrouvé

« Tous ces gens avaient mis tant de *temps* à revêtir leur déguisement que celui-ci passait généralement inaperçu de ceux qui vivaient avec lui. Même un délai leur était souvent concédé où ils pouvaient continuer assez tard à rester eux-mêmes. Mais alors le déguisement prorogé se faisait plus rapidement ; de toutes façons il était inévitable. »

Le Temps retrouvé

« À côté de nous, un ministre d'avant l'époque boulangiste, et qui l'était de nouveau, passait lui aussi, en envoyant aux dames un sourire tremblotant et lointain, mais comme emprisonné dans les mille liens du passé, comme un petit fantôme qu'une main invisible promenait, diminué de taille, changé dans sa substance et ayant l'air d'une réduction en pierre ponce de soi-même. »

Le Temps retrouvé

« D'ailleurs, justement parce qu'elle n'avait pas changé, elle ne semblait guère vivre. Elle avait l'air d'une rose stérilisée. Je lui dis bonjour, elle chercha quelque temps mon nom sur mon visage, comme un élève, sur celui de son examinateur, une réponse qu'il eût trouvée plus facilement dans sa tête. Je me nommai et aussitôt, comme si j'avais perdu grâce à ce nom incantateur l'apparence d'arbousier ou de kangourou que l'âge m'avait sans doute donnée, elle me reconnut et se mit à me parler de cette voix [...] restée la même, inutilement chaude, prenante, avec un rien d'accent anglais. »

Le Temps retrouvé

« En entendant que Mme d'Arpajon était vraiment morte, la vieille fille jeta sur sa mère un regard alarmé, car elle craignait que d'apprendre la mort d'une de ses "contemporaines" ne "frappât sa mère" ; elle croyait entendre d'avance parler de la mort de sa propre mère avec cette explication : "Elle avait été très *frappée* par la mort de Mme d'Arpajon." Mais la mère de la vieille fille, au contraire, se faisait à elle-même l'effet de l'avoir emporté dans un concours sur des concurrents de marque, chaque fois qu'une personne de son âge "disparaissait". Leur mort était la seule manière dont elle prît encore agréablement conscience de sa propre vie. »

Le Temps retrouvé

« Elle me serrait la main avec force, ne se rappelant pas au juste si en voiture, un soir qu'elle me ramenait de chez la duchesse de Guermantes, il y avait eu ou non une passade entre nous. À tout hasard elle sembla faire allusion à ce qui n'avait pas été, chose qui ne lui était pas difficile puisqu'elle prenait un air de tendresse pour une tarte aux fraises, et mettait si elle était obligée de partir avant la fin de la musique l'air désespéré d'un abandon qui ne serait pas définitif. [...] Puis, m'ayant quitté, elle se mit à trotter vers la porte, pour qu'on ne se dérangeât pas pour elle, pour me montrer que si elle n'avait pas causé avec moi c'est qu'elle était pressée, pour rattraper la minute perdue à me serrer la main afin d'être exacte chez la reine d'Espagne qui devait goûter seule avec elle. Même, près de la porte, je crus qu'elle allait prendre le pas de course. Et elle courait en effet à son tombeau.»

Le Temps retrouvé

En temps de guerre

« Mme Verdurin disait : "Vous viendrez à 5 heures parler de la guerre", comme autrefois "parler de l'Affaire", et dans l'intervalle : "Vous viendrez entendre Morel." »

Le Temps retrouvé

« Après le dîner, on montait dans les salons de la Patronne, puis les téléphonages commençaient. Mais beaucoup de grands hôtels étaient à cette époque peuplés d'espions qui notaient les nouvelles téléphonées par Bontemps avec une indiscrétion que corrigeait seulement, par bonheur, le manque de sûreté de ses informations, toujours démenties par l'événement. »

Le Temps retrouvé

« Les notes mondaines nous avaient si souvent amusés, Saint-Loup et moi, que nous nous amusions pour nous-mêmes à en inventer. Et c'est ce que nous avions fait encore ce jour-là, comme s'il n'y avait pas la guerre, bien que sur un sujet fort "guerre", la peur des Zeppelins :

"Reconnu : la duchesse de Guermantes superbe en chemise de nuit, le duc de Guermantes inénarrable en pyjama rose et peignoir de bain, etc., etc."

"Je suis sûr, me dit-il, que dans tous les grands hôtels on a dû voir les juives américaines en chemise, serrant sur leurs seins décatis le collier de perles qui leur permettra d'épouser un duc décavé. L'hôtel Ritz, ces soirs-là, doit ressembler à l'Hôtel du libre échange." »

Le Temps retrouvé

« Mme Verdurin, souffrant pour ses migraines de ne plus avoir de croissant à tremper dans son café au lait, avait fini par obtenir de Cottard une ordonnance qui lui permit de s'en faire faire […]. Cela avait été presque aussi difficile à obtenir des pouvoirs publics que la nomination d'un général. Elle reprit son premier croissant le matin où les journaux narraient le naufrage du *Lusitania*. Tout en trempant le croissant dans le café au lait, et donnant des pichenettes à son journal pour qu'il pût se tenir grand ouvert sans qu'elle eût besoin de détourner son autre main des trempettes, elle disait : "Quelle horreur ! Cela dépasse en horreur les plus affreuses tragédies." Mais la mort de tous ces noyés ne

LA MORT DE TOUS CES NOYÉS NE DEVAIT LUI APPARAÎTRE
QUE RÉDUITE AU MILLIARDIÈME, CAR TOUT EN FAISANT,
LA BOUCHE PLEINE, CES RÉFLEXIONS DÉSOLÉES,
L'AIR QUI SURNAGEAIT SUR SA FIGURE, AMENÉ LÀ
PROBABLEMENT PAR LA SAVEUR DU CROISSANT,
SI PRÉCIEUX CONTRE LA MIGRAINE, ÉTAIT PLUTÔT
CELUI D'UNE DOUCE SATISFACTION.

devait lui apparaître que réduite au milliardième, car tout en faisant, la bouche pleine, ces réflexions désolées, l'air qui surnageait sur sa figure, amené là probablement par la saveur du croissant, si précieux contre la migraine, était plutôt celui d'une douce satisfaction. »

Le Temps retrouvé

« La guerre se prolongeait indéfiniment et ceux qui avaient annoncé de source sûre, il y avait déjà plusieurs années, que les pourparlers de paix étaient commencés, spécifiant les clauses du traité, ne prenaient pas la peine quand ils causaient avec vous de s'excuser de leurs fausses nouvelles. Ils les avaient oubliées et étaient prêts à en propager sincèrement d'autres qu'ils oublieraient aussi vite. »

Le Temps retrouvé

« Voyons, me dit M. de Charlus, vous connaissez Cottard et Cambremer. Chaque fois que je les vois, ils me parlent de l'extraordinaire manque de psychologie de l'Allemagne. Entre nous, croyez-vous que jusqu'ici ils avaient eu grand souci de la psychologie, et que même maintenant ils soient capables d'en faire preuve? Mais croyez bien que je n'exagère pas. Qu'il s'agisse du plus grand Allemand, de Nietzsche, de Goethe, vous entendrez Cottard dire : "avec l'habituel manque de psychologie qui caractérise la race teutonne". Il y a évidemment dans la guerre des choses qui me font plus de peine, mais avouez que c'est énervant. »

Le Temps retrouvé

« Il avait pris l'habitude de crier très fort en parlant, par nervosité, par recherche d'issues pour des impressions dont il fallait – n'ayant jamais cultivé aucun art – qu'il se débarrassât, comme un aviateur de ses bombes, fût-ce en plein champ ».

Le Temps retrouvé

De la volonté

«À mes parents il semblait presque que tout en étant paresseux, je menais, puisque c'était dans le même salon qu'un grand écrivain, la vie la plus favorable au talent. Et pourtant que quelqu'un puisse être dispensé de faire ce talent soi-même, par le dedans, et le reçoive d'autrui, est aussi impossible que se faire une bonne santé [...] rien qu'en dînant souvent en ville avec un médecin.»

À l'ombre des jeunes filles en fleurs

«Pendant qu'au moment où va se réaliser un voyage désiré, l'intelligence et la sensibilité commencent à se demander s'il vaut vraiment la peine d'être entrepris, la volonté qui sait que ces maîtres oisifs recommenceraient immédiatement à trouver merveilleux ce voyage si celui-ci ne pouvait avoir lieu, la volonté les laisse disserter devant la gare, multiplier les hésitations; mais elle s'occupe de prendre les billets et de nous mettre en wagon pour l'heure du départ. »

À l'ombre des jeunes filles en fleurs

« Car il ne pouvait jamais "rester sans rien faire", quoiqu'il ne fît d'ailleurs jamais rien. Et comme l'inactivité complète finit par avoir les mêmes effets que le travail exagéré, aussi bien dans le domaine moral que dans la vie du corps et des muscles, la constante nullité intellectuelle qui habitait sous le front songeur d'Octave avait fini par lui donner, malgré son air calme, d'inefficaces démangeaisons de penser qui la nuit l'empêchaient de dormir, comme il aurait pu arriver à un métaphysicien surmené. »

À l'ombre des jeunes filles en fleurs

« Je n'étais que l'instrument d'habitudes de ne pas travailler, de ne pas me coucher, de ne pas dormir, qui devaient se réaliser coûte que coûte ; si je ne leur résistais pas […] je m'en tirais sans trop de dommages, je reposais quelques heures tout de même à la fin de la nuit, je lisais un peu, je ne faisais pas trop d'excès, mais si je voulais les contrarier, si je prétendais entrer tôt dans mon lit, ne boire que de l'eau, travailler, elles s'irritaient, elles avaient recours aux grands

moyens, elles me rendaient tout à fait malade, j'étais obligé de doubler la dose d'alcool, je ne me mettais pas au lit de deux jours, je ne pouvais même plus lire, et je me promettais une autre fois d'être plus raisonnable, c'est-à-dire moins sage, comme une victime qui se laisse voler de peur, si elle résiste, d'être assassinée.»
Le Côté de Guermantes I

«J'avais promis à Albertine que, si je ne sortais pas avec elle, je me mettrais au travail. Mais le lendemain, comme si, profitant de nos sommeils, la maison avait miraculeusement voyagé, je m'éveillais par un temps différent, sous un autre climat. On ne travaille pas au moment où on débarque dans un pays nouveau, aux conditions duquel il faut s'adapter. Or chaque jour était pour moi un pays différent. Ma paresse elle-même, sous les formes nouvelles qu'elle revêtait, comment l'eussé-je reconnue?»
La Prisonnière

«C'est le matin où il sort pour un duel qui va se dérouler dans des conditions particulièrement dangereuses; alors, lui apparaît tout d'un coup au moment où elle va peut-être lui être enlevée le prix d'une vie de laquelle il aurait pu profiter pour commencer une œuvre ou simplement goûter des plaisirs, et dont il n'a su jouir en rien. "Si je pouvais ne pas être tué, se dit-il, comme je me mettrais au travail à la minute même, et aussi comme je m'amuserais!" [...] Il revient chez lui sans avoir été même blessé. Mais il retrouve les mêmes obstacles aux plaisirs, aux excursions, aux voyages, à tout ce dont il avait craint un instant d'être à jamais dépouillé par la mort ; il suffit pour cela de la vie. »

La Prisonnière

Dans la même collection

N° 9 – *L'humour juif : les secrets de fabrication enfin révélés*
Une visite chez les écrivains juifs par Judith Stora-Sandor
Illustrations d'Inkie

N° 10 – *Les mots passants de tous les jours*
Une recension de mots passés au microscope par Didier Pourquery
Illustrations de Christian Roux

N° 11 – *L'argot du polar, cadavre exquis de la Série Noire*
Une anthologie d'extraits truculents choisis par Lionel Besnier
Illustrations d'Adam Hayes

N° 12 – *Les chats des écrivains*
Une recension des couples chat-écrivain par Bérangère Bienfait,
Brigitte Bulard-Cordeau et Valérie Parent
Illustrations de Loïc Sécheresse

N° 13 – *Les plus belles fulgurances d'André Malraux*
Une anthologie éblouissante établie par Sylvie Howlett
Illustrations de Loïc Sécheresse

N° 14 – *Les meilleurs zeugmas du* Masque et la Plume, *présentés par*
Jérôme Garcin
En coédition avec Radio France
Illustrations de Jochen Gerner

N° 15 – *L'art d'avoir toujours raison (sans peine)*
50 stratagèmes imaginés par Nicolas Tenaillon pour clouer le bec
à votre interlocuteur
Illustrations de Mahler

N° 16 – *100 mots croisés décroisés*
Des jeux de piste compliqués par Gilles Moinot pour trouver 100 mots
Illustrations d'Inkie

N° 17 – *La littérature marque des buts*
Une anthologie footballistique avec Stéphane Chomienne en meneur
de jeu
Illustrations de Gianpaolo Pagni

Cet ouvrage composé en Minion Pro, Sparhawk et Pacific
par Dominique Guillaumin
a été achevé d'imprimer en septembre 2016
sur les presses de ❦ Grafica Veneta,
Trebaseleghe, Italie.

Dépôt légal septembre 2016
ISBN: 978-2-07-077259-9